W0413810

ΣΥΓΚΑΤΟΙΚΟΣ ΝΑ ΣΟΥ πετύχει!

Τίτλος πρωτοτύπου
L' Inquilino

Τίτλος βιβλίου
Συγκάτοικος να σου πετύχει!

Συγγραφέας
Μάρκο Βίκι

Μετάφραση
Σταυρούλα Μεταξά

Επιμέλεια
Σύσση Καπλάνη

Τυπογραφική Διόρθωση
Άρτεμις Αργύρη

Εξώφυλλο
Μπέσσυ Τσακίρη

Στοιχειοθεσία - Σελιδοποίηση
ΕΜΠΕΙΡΙΑ ΕΚΔΟΤΙΚΗ Α.Ε.Β.Ε

Φιλμογράφηση
Μιχάλης Απόστολος

Εκτύπωση
Technograph - Δ. Πρίφτης & Υιοί

© 1999 Ugo Guanda Editore S.p.A.
© ΕΜΠΕΙΡΙΑ ΕΚΔΟΤΙΚΗ Α.Ε.Β.Ε, Αθήνα 2000 για την Ελληνική γλώσσα

Πρώτη έκδοση: Μάρτιος 2000

ISBN : 960-7919-46-7

ΕΜΠΕΙΡΙΑ ΕΚΔΟΤΙΚΗ Α.Ε.Β.Ε
Σόλωνος 94, 106 80 Αθήνα
Τηλ.: 36.19.500 - Fax: 36.15.700
E-mail: empiria@otenet.gr

EMPIRIA PUBLICATIONS S.A.
94 Solonos str., 106 80 Athens Greece
Tel.: +30 1 36.19.500 - Fax: 36.15.700
E-mail: empiria@otenet.gr

ΜΑΡΚΟ ΒΙΚΙ

ΣΥΓΚΑΤΟΙΚΟΣ ΝΑ ΣΟΥ ΤΥΧΕΙ!

Μετάφραση
Σταυρούλα Μεταξά

ΕΜΠΕΙΡΙΑ ΕΚΔΟΤΙΚΗ

ΑΘΗΝΑ 2000

"Στα βάθη του μυαλού, όμως, είχα κάτι σαν σκιά. Κατηφόρησα στο δρόμο και είχα την αίσθηση ότι η σκιά, αμυδρή και αβέβαιη, απλωνόταν γύρω μου. Μια απειλή στη γαλήνη της ζωής μου".

Τζον Φάντε

"... ακόμα κι αν το αργό αεράκι τραβούσε μάταια κουπί".

Ανώνυμο του 15ου αι.

Έβαλα την αγγελία σε μια στιγμή πανικού. Η ιδέα ότι θα ξεμείνω από χρήματα με τρέλαινε. Είχε περάσει ήδη μια βδομάδα και δεν είχε πάρει κανένας ακόμα τηλέφωνο. Όταν άκουσα το κουδούνι της πόρτας να χτυπά, ήμουν στο μπάνιο μπροστά στον καθρέφτη, τελείωνα το ξύρισμα και με το ξυραφάκι στο χέρι πήγα ν' ανοίξω. Μπροστά μου στεκόταν ένας τύπος με μπουφάν σουρωμένο στις πλάτες του, πρόσωπο άκαμπτο ορεσίβιου, με δύο ρυτίδες στο μέτωπο, λες και είχε κουβαλήσει τα νεύρα που είχε από πριν μέχρι την πόρτα μου, να μου τα δείξει.

«Ναι;» ρωτάω, όσο πιο ευγενικά μπορώ.

«Η αγγελία...» λέει εκείνος, και κάνει ένα βήμα να μπει στο σπίτι, χωρίς να βγάλει τα χέρια απ' τις τσέπες.

«Δεν είχα γράψει τη διεύθυνση» σχολιάζω δυνατά.

Κάνει μια κίνηση με τους ώμους του, κάτι σαν «Ε, και τι έγινε». Εγώ εν τω μεταξύ είμαι ακόμη με τον αφρό ξυρίσματος στο πρόσωπο, αλλά δε δίνω σημασία.

«Φοιτητής;» τον ρωτάω, αν και μου φαινόταν αρκετά μεγάλος για φοιτητής. Εκείνος μαζεύεται λίγο.

«Πού είναι το υπνοδωμάτιο;» Η έκφραση αηδίας δε λέει να φύγει απ' τη φάτσα του, όσο σαρώνει με μισόκλειστα μάτια το χώρο γύρω του και με τη μύτη πάντα ψηλά, σαν λαγωνικό. Εκείνη ήταν η πρώτη φορά που μου γεννήθηκε η επιθυμία να του χώσω μια μπουνιά στη μούρη.

«Αυτό είναι», του δείχνω. Του ανοίγω την πόρτα και μένω εκεί στο κατώφλι, λες και ήταν ήδη δικό του το δωμάτιο κι εγώ δεν είχα το δικαίωμα να μπω. Πίστευα ότι θα αντιλαμβανόταν την εχθρική στάση μου, αλλά εκείνος προχώρησε θρασύτατα μέσα, μυρίζοντας το χώρο σαν σκύλος.

«Πόσο πάει το μήνα;» με ρωτάει.

«Είναι μικρό, αλλά βολικό» του απαντώ αδιαφορώντας για την ερώτησή του. Κοιτάζω κι εγώ ερευνητικά το χώρο, σαν να τον βλέπω για πρώτη φορά. Δεν ήθελα να μιλήσουμε αμέσως για λεφτά, γιατί φοβόμουνα ότι θα καταλάβει πως ήμουν απένταρος.

«Πόσο πάει;» κάνει τότε εκείνος, πιέζοντας την κουβέρτα που κάλυπτε το κρεβάτι και με τα δέκα του δάχτυλα, σαφώς για να ελέγξει την ποιότητα του στρώματος. Αυτή ήταν η δεύτερη φορά που θα τον χτυπούσα ευχαρίστως, αλλά σταμάτησα κι άρχισα να προβληματίζομαι. Αφού δεν ήμουν βίαιος εκ φύσεως... Ίσως με πείραζε το γεγονός ότι ήμουν αναγκασμένος να νοικιάσω το δωμάτιο, ή ίσως να έφταιγε το στιλ αυτού του τύπου, που δε σε ενέπνεε να τον εμπιστευτείς.

«Θα το συζητήσουμε» λέω, χωρίς να ξέρω αν τώρα πια το

θέλω πραγματικά. Εκείνος έχει ακόμα τα χέρια στις τσέπες και με το παπούτσι του χτυπάει ελαφρά το ντουλάπι, σαν να θέλει να ελέγξει την ποιότητά του από τον ήχο που θα κάνει.

«Πες μου πόσα», επιμένει.

Αποφασίζω να τον ξεφορτωθώ και του ζητάω τα διπλάσια απ' αυτά που είχα αποφασίσει νωρίτερα. Εκείνος σταματάει, για να ελέγξει τις γωνίες του δωματίου, και με κοιτάζει με συμπάθεια.

«Καλά εντάξει» κάνει, ενώ δεν έχει βγάλει ακόμη το μπουφάν του, και πραγματικά νιώθω ενοχλημένος που τον βλέπω τόσο "κουμπωμένο", απ' τη στιγμή που μπήκε στο σπίτι.

«Δεν είναι πολλά;» τον ρωτάω ανήσυχος.

«Πολλά τι;» κάνει εκείνος.

«Μπορείτε να βρείτε κάτι καλύτερο», τον ενθαρρύνω. Μόλις εκείνη τη στιγμή συνειδητοποιώ ότι κρατώ ακόμη στο χέρι μου το ξυραφάκι.

«Το μπάνιο πού είναι;» ρωτάει, βγαίνοντας απ' το δωμάτιό του με το ύφος ανθρώπου που είναι αποφασισμένος να εξερευνήσει όλο το σπίτι.

«Υπάρχει μόνο ένα μπάνιο. Θα είναι άβολα και για τους δυο μας», συμπληρώνω εγώ βιαστικά, ακολουθώντας τον.

«Όχι απαραίτητα» λέει, σαν να είχε ήδη σκεφτεί τον τρόπο να το διευθετήσουμε. Μετά βλέπει ένα διακόπτη και παίζει λίγο με το φως που βρίσκεται μπροστά στο δικό μου διάδρομο, ο οποίος παρεμπιπτόντως λειτουργεί και σαν καθιστικό.

Όχι πως μου αρέσει η έλλειψη διακριτικότητας του τύπου, αλλά τι να πεις, «ο πελάτης έχει πάντα δίκιο». Ένα είναι σίγουρο, με ενοχλεί φοβερά ο τρόπος που αγγίζει τα πράγματά μου. Κι εκείνη ακριβώς τη στιγμή τον διακόπτω αποφασιστικά, για να του δηλώσω ότι θέλω λίγο χρόνο να το σκεφτώ.

«Να σκεφτείς τι;» ρωτάει τραβώντας ένα βιβλίο απ' το ράφι μου.

«Εάν θα το νοικιάσω ή όχι» του απαντώ, κι ελπίζω ότι το ύφος μου δεν αφήνει απορίες. Εκείνος μοιάζει προσβεβλημένος, όχι εξαιτίας μου μού φαίνεται, αλλά επειδή το έχει από φυσικού του αυτό το ύφος και το φοράει πολύ συχνά.

«Εεε...» κάνει, και με κοιτάζει σαν να 'κανε μεγάλο λάθος ο Θεός που μας έπλασε στην ίδια φυλή, «δε θα μ' άρεσε να πάνε χαμένα τα είκοσι χιλιόμετρα ποδαρόδρομου που έκανα για να 'ρθω ως εδώ».

Το βιβλίο δεν το ανοίγει, μυρίζει τις κλειστές σελίδες του και το βάζει σε λάθος θέση. Δε δίνω δεκάρα, αλλά τον ρωτάω, ίσως και για να κερδίσω λίγο χρόνο.

«Κάνατε είκοσι χιλιόμετρα με τα πόδια;»

«Τι σε κάνει να το πιστεύεις αυτό;» αντιδρά, και παρ' ότι δε χαμογελάει, τουλάχιστον κάτι τέτοιο προσπαθεί.

«Τώρα το είπατε, έτσι δεν είναι;» επιμένω και πιάνομαι απ' την ευκαιρία, για να βγάλω τον εκνευρισμό μου σε μια σίγουρα παρατραβηγμένη εκδήλωση κατάπληξης.

«Α, ναι; Κι αυτό τι σημαίνει;» λέει εκείνος, σηκώνοντας συγχρόνως το ένα του φρύδι.

Ήθελα να σταματήσω εκεί τη συζήτηση και... «Κοιτάξτε εμένα στο τέλος τέλος...»

Κάθεται στην πολυθρόνα που έχω στη γωνία, πάντα με τα χέρια στις τσέπες.

«Η αλήθεια» συνεχίζει, «είναι ότι θα με χάλαγε πολύ να έχω κάνει είκοσι χιλιόμετρα με τα πόδια χωρίς λόγο».

«Ώστε λοιπόν», πιάνομαι από τα λόγια του, «έχετε κάνει είκοσι χιλιόμετρα».

«Κι εσένα τι σε κόφτει;»

«Το ξαναείπατε», κολλάω εγώ ηλιθίως στα λόγια του, χωρίς να καταλαβαίνω πλέον το είδος και το νόημα της συζήτησης. Εκείνος τώρα κοιτάζει τις μύτες των παπουτσιών του.

«Αυτά είναι πράγματα που δεν σας αφορούν», επιμένει και μετά ρίχνει το βλέμμα του έξω απ' το παράθυρο. «Τι είναι αυτές εκεί οι απαίσιες παράγκες;»

Από κείνη τη στιγμή και μετά η επιθυμία μου να του σπάσω τα μούτρα γίνεται αδιάκοπη και συνεχώς πιο έντονη.

«Δεν έχει σημασία» απαντώ δαγκώνοντας τις λέξεις, «κι επιπλέον πρέπει να τελειώσω το ξύρισμα».

«Παρακαλώ» κάνει εκείνος ξερά, σαν να τον είχα αδικήσει.

Από κείνη τη στιγμή δεν τον αντέχω άλλο πια. «Πάω να τελειώσω το ξύρισμα» ανακοινώνω τελεσίδικα και μπαίνω στο μπάνιο με την ελπίδα ότι θα φύγει, ίσως και ενοχλημένος απ' την αγένειά μου.

Μόλις είχα ανοίξει τη βρύση, τον είδα στον καθρέφτη πίσω μου.

«Α, το μπάνιο είναι εδώ», και με χτυπά στην πλάτη. Γυρνάω να τον δω και δεν μπορώ πραγματικά να καταλάβω γιατί με ακολούθησε. Όχι ότι από ανθρώπινη και κοινωνική άποψη ήταν ένα από τα χειρότερα πράγματα που μπορούσαν να συμβούν, αλλά ήταν σίγουρα ανεξήγητο και περίεργο.

«Δε θα ήταν καλύτερα να με περιμένατε έξω;» του προτείνω και τον κοιτάζω επίμονα.

«Ενοχλώ;» με ρωτάει εκείνος σοβαρά, ενώ έχει βουτήξει ήδη το σαπούνι μου και το περνάει αποδοκιμαστικά κάτω απ' τη μύτη του.

«Πρέπει να τα πειράζετε όλα;» χάνω τον έλεγχό μου.

«Δεν υπάρχει λόγος απ' την πρώτη μέρα να τσακωθούμε,» σχολιάζει και ξαναβάζει το σαπούνι στη θέση του, «μου τη σπάνε οι καβγάδες, γενικά».

Εκείνη τη στιγμή μπλέχτηκα. Προσπαθούσα απεγνωσμένα να τον αγνοήσω και πίεζα τη γλώσσα στο μάγουλό μου, για να διευκολύνω το ξύρισμα. Εκείνος παρακολουθούσε τη διαδικασία μ' ένα ελαφρό γελάκι ασαφούς προέλευσης στο πρόσωπό του. Σε μια στιγμή παύσης τα βλέμματά μας διασταυρώθηκαν – πονηροί κι οι δυο –, εγώ απ' τη μεριά μου σε μια προσπάθεια να τον εντυπωσιάσω κι εκείνος έτσι, μ' αυτό το ηλίθιο γελάκι.

Μόλις πέντε λεπτά νωρίτερα η ζωή μου κυλούσε διαφορετικά, δύσκολα μεν, αλλά όχι και δυσβάσταχτα. Έπρεπε με κάθε θυσία ν' απαλλαγώ απ' αυτόν τον τύπο, όσο το δυνατόν συντομότερα. Μόλις θα τελείωνα το ξύρισμα, θα τον έδιωχνα.

Εκείνος μετά από λίγο σταμάτησε να στέκεται πίσω μου κι άρχισε να περιφέρεται άσκοπα στο μπάνιο. Στο τέλος έβγαλε και την μπάρα του μπάνιου και κάθισε, κοιτάζοντάς με μ' αυτή την υπεροψία που διέκρινα στα μάτια του από την πρώτη στιγμή που μπήκε στο σπίτι. Με το μπουφάν μόνιμα κλειστό μέχρι πάνω, θα έπρεπε να αισθανόταν πολύ άβολα. Μετά το ξύρισμα το πρόσωπό μου έτσουζε.

«Εδώ θα χρειαζόταν ένα άσπρισμα» τον ακούω να λέει, όσο ψηλαφίζει τους τοίχους, σαν να ακολουθούσε το περίγραμμα καθεμιάς φιγούρας κάποιας αόρατης τοιχογραφίας. Ο τρόπος που με κοίταζε ήταν σαν να με ψαχούλευε μέχρι μέσα απ' το σώβρακο.

«Θα μπορούσα να μείνω μόνος;» τον ρωτάω ξεκουμπώνοντας επιδεικτικά το παντελόνι μου. Εκείνος τελικά αποφασίζει να σηκωθεί, και φεύγει χωρίς να πει κουβέντα.

Αφού έκανα ό,τι ήθελα να κάνω, επέστρεψα στο καθιστικό, οπότε με εντυπωσίασε η φοβερή ησυχία και σκέφτηκα ότι μάλλον θα είχε φύγει, αν και μου φαινόταν υπέροχο για να 'ναι αληθινό. Ήμουν έτοιμος να σβήσω το φως του υπνοδωματίου που ήθελα να νοικιάσω λίγο πριν, όταν τον είδα ξαφνικά εκεί, ξαπλωμένο στο κρεβάτι με τα χέρια πίσω απ' το σβέρκο και το μπουφάν του ακόμα κουμπωμένο.

«Κι επιπλέον η περιοχή δεν είναι χλιδάτη» τον ακούω να μονολογεί, κοιτάζοντας με διάθεση ονειροπόλησης τον πολυέλαιό μου.

Μετά άνοιξε ελαφρά τα μάτια του κι άρχισε να χασμουριέται μέχρι δακρύων. Δεν το πίστευα ότι μπορούσε να υπάρχει τέτοιος άνθρωπος.Τα 'χα τελείως χαμένα. Εκείνος τεντώθηκε και τακτοποίησε καλύτερα το κεφάλι του πάνω στο μαξιλάρι.

«Το κρεβάτι φαίνεται άνετο» σχολίασε κι άρχισε να χοροπηδάει πάνω στο στρώμα σαν μωρό. Βλέποντάς τον να κουνιέται μ' αυτόν τον τρόπο μου την έδωσε ξανά στα νεύρα.

«Ωστόσο μπορείτε να βρείτε κάτι άλλο καλύτερο, εγώ για το καλό σας το λέω.»

Εκείνος τότε ανοίγει λίγο τα μάτια του στωικά.

«Μπα, όχι, καλά είναι κι εδώ», κι ανεβάζει τα πόδια του στο κρεβάτι, με τα παπούτσια φυσικά.

Μέσα μου έβραζα, αλλά προσπάθησα να κρατήσω τον αυτοέλεγχό μου. Με βασάνιζε το γεγονός ότι εκκρεμούσε ένας λογαριασμός τηλεφώνου που έπρεπε να είχε πληρωθεί εδώ και μερικές εβδομάδες, σε λίγο θα μου το έκοβαν, και το να έμενα χωρίς τηλέφωνο, θα μου ήταν βάσανο.

΄Ετσι στο τέλος πείστηκα απ' τις ανάγκες μου να του νοικιάσω το δωμάτιο. Του έδωσα αμέσως ένα ζευγάρι κλειδιά, περίμενα να τα μυρίσει κι αυτά, αλλά εκείνος τα έβαλε στην τσέπη του και κατευθύνθηκε με βιασύνη στην πόρτα, λέγοντάς μου ότι πήγαινε να πάρει αμέσως τα πράγματά του.

Στο κατώφλι τον σταμάτησα, ήθελα να τον ρωτήσω πότε θα με πλήρωνε, αλλά, ως συνήθως ντροπαλός, την τελευταία στιγμή άλλαξα κουβέντα.

«Να σου πω ότι το σπίτι το θέλω να 'ναι πάντα καθαρό;»

του είπα μόνο.

«Αα, θα ήταν το ιδεώδες» σχολίασε βγαίνοντας και χτύπησε δυνατά πίσω του την πόρτα.

Για μια βδομάδα έχασα τα ίχνη του. Ίσως και να είχε σκοτωθεί σε κάποιο ατύχημα. Κι όμως, ήρθε. Γυρίζοντας μια μέρα στο σπίτι, βρήκα τρεις βαλίτσες στην είσοδο.

Μπήκα μέσα βρίζοντας. Καθόταν στον καναπέ *μου* μαζί με κάποιον άλλο, έναν αλητήριο τύπο. Έπιναν απ' τις μπίρες *μου* και μιλούσαν δυνατά. Μου ανέβηκε το αίμα στο κεφάλι, μού φαινόταν σαν να μην είχα μπει στο δικό μου σπίτι. Το καλύτερο που είχα να κάνω, ήταν να ξεκαθαρίσω μια και καλή την κατάσταση. Όχι φιλοξενούμενοι, όχι ενοχλητικοί θόρυβοι και πολλά ακόμα όχι που έπρεπε να του πετάξω κατάμουτρα το συντομότερο.

Μόλις με είδαν, σταμάτησαν να μιλούν, έμειναν βουβοί κι ακίνητοι στις θέσεις τους. Ο ένοικος με κοίταξε ερευνητικά, μετά μου έδωσε το χέρι του, με χαιρέτησε μ' έναν τρόπο σαν να αποδεχόταν όλες τις συγνώμες μου, και μάλιστα σαν να μου έκανε και χάρη που με συγχωρούσε. Μου είπε μάλιστα *να περάσω* στο σπίτι *μου*, μέχρι που σχολίασε πως με βρίσκει και διασκεδαστικό.

Για κείνον, ήταν φανερό, όλα είχαν ελάχιστη σημασία, αλλά το έφερνε πάντα με πολύ έξυπνο τρόπο. Μου σύστησε το φίλο του, τον αλήτη, σαν βαρόνο της Πομόνα. Ο βαρόνος μου έδωσε το βρόμικο χέρι του και ψέλλισε κάτι ακατανόητο. Θα μου άρεσε να πιστέψω ότι αυτός ο αλήτης ήταν ένας βαρόνος, γιατί όχι; Η εμφάνισή του ταίριαζε τόσο πολύ! Τα κουρέλια που κρέμονταν από πάνω του, τα μακριά και λιγδιασμένα μαλλιά του, η μπόχα που ανέδυε, ήταν απλώς η ατημέλητη πλευρά των ευγενών, η αληθινή απόδειξη ότι αυτός ο άνθρωπος ήταν πραγματικά ένας βαρόνος, κι εγώ τον φανταζόμουν να περιπλανιέται τις νύχτες στο ερειπωμένο κάστρο του. Ο ένοικος του δίπλα δωματίου μού έβαλε να πιω.

«Σε περιμέναμε.»

«Α ναι, ε;»

«Για τις βαλίτσες.»

«Τι πράγμα για τις βαλίτσες;»

«Δεν θα ήθελες σε καμία περίπτωση να τις μεταφέρω μόνος μου, το ξέρω. Είναι πολύ βαριές.»

«Μα είστε δύο, έτσι δεν είναι;»

Ο βαρόνος σήκωσε το χέρι του.

«Εγώ δεν μπορώ, δεν τα καταφέρνω μ' αυτά τα πράγματα.»

«Και μέχρι εδώ ποιος τις κουβάλησε;»

Ο ένοικος πήρε μια έκφραση δυσαρέσκειας.

«Αχθοφόροι φυσικά, αλλά δεν ήθελαν να μπουν στο σπίτι... Εγώ δεν πιέζω κανέναν.»

«Καλά λοιπόν, ας τελειώνουμε.»

«Όχι τώρα, δεν είναι ευγενικό να κάνουμε όλη αυτή τη φασαρία μπροστά στον καλεσμένο μου, έτσι δεν είναι;»

Όχι, δεν ήταν έτσι, και δεν μπορούσα να καταλάβω γιατί

δεν τον είχα πετάξει ακόμα έξω με τις κλοτσιές, μαζί με το βαρόνο του και μ' όλα τα υπόλοιπα. Στην παρούσα φάση τα χρήματα είχαν ελάχιστη σημασία, θα ξέχναγα το τηλέφωνο, ακόμα και το πετρέλαιο θα μπορούσα ν' απαρνηθώ, προκειμένου να γίνουν όλα όπως ήταν πριν. Αλλά, όμως, δεν ξέρω πώς τα κατάφερα γι' άλλη μια φορά να συγκρατηθώ.

*

Γυρνούσα στο σπίτι γύρω στις οκτώ το βράδυ, κατάκοπος, μετά από μια δύσκολη μέρα. Ο εκδότης μου μού είχε αναθέσει τη μετάφραση ενός βιβλίου από τα γαλλικά με θέμα τη μαροκινή κουζίνα, δίνοντάς μου ένα εξευτελιστικό ποσό για αμοιβή. Όταν του υπενθύμισα ότι η αμοιβή μόνο για κάθε δακτυλογραφημένη σελίδα ήταν οχτώ χιλιάδες λιρέτες, εκείνος άνοιξε διάπλατα τα χέρια του.

«Μην είσαι πάντα τόσο σχολαστικός, Βικαρέλι, γι' αυτές τις δουλειές συνήθως παίρνεις ένα ποσό κατ' αποκοπή, το ξέρεις καλά αυτό, έτσι δεν είναι; Είναι κανόνας..., αλλά εάν δε θέλεις, μπορώ κάλλιστα να το αναθέσω σε κάποιον άλλο.»

Άλλαξα τον τόνο της φωνής μου προσπαθώντας να γίνω πιο διαλλακτικός, και τον ρώτησα εάν θα μπορούσε τουλάχιστον ν' ανεβάσει το ποσό στις δώδεκα χιλιάδες, με αποτέλεσμα ν' αρχίσει να χασκογελάει. Στο τέλος συμφωνήσαμε στις εννιά χιλιάδες. Ήθελα να τον φτύσω κατάμουτρα, αλλά κινδύνευα να μείνω για πολύ καιρό χωρίς δουλειά.

Στο δρόμο για το σπίτι, ονειρευόμουν ότι γύρναγα μετά από ραντεβού μ' ένα μεγάλο εκδοτικό οίκο, ότι μου είχαν αναθέσει τη μετάφραση μιας νουβέλας, ότι είχαμε συμφωνήσει να πάρω σαράντα χιλιάδες λιρέτες για κάθε δακτυλογραφημένη σελίδα, κι ότι τηλεφώνησα σ' αυτό το γουρούνι που είχα για εκδότη και του είπα πού ακριβώς να βάλει τις σελίδες απ' το μαροκινό βιβλίο του.

Περπατούσα σαν κατάδικος, μπλοκαρισμένος, εκνευρισμένος, ελπίζοντας ότι κάποιος θα με προκαλούσε, για να τσακωθώ μαζί του και να εκτονωθώ. Όμως όλοι ήταν ήρεμοι, ή καλύτερα με αγνοούσαν.

Είχα ανάγκη από φρούτα, ένιωθα αφυδατωμένος κι ήθελα να δροσιστώ. Ένα τετράγωνο πιο πέρα από το σπίτι μου υπήρχε ένα μανάβικο. Πήγαινα εκεί αραιά και πού. Πάντα με εξυπηρετούσε μια γριά γυναίκα πολύ καλοσυνάτη, με κάτασπρα μαλλιά. Οι κινήσεις της είχαν τη νωθρότητα κότας και κάθε φορά αναρωτιόμουν πώς τα κατάφερνε να στέκεται ακόμα στα πόδια της. Ωστόσο, την έβρισκα πολύ συμπαθητική, ίσως λόγω αυτής της αίσθησης του αναπόφευκτα επικείμενου θανάτου της, που μου προκαλούσε θλίψη. Τρύπωσα ανάμεσα σε κάτι κασόνια με λαχανικά σίγουρος ότι θα τη δω. Αντί γι' αυτήν, όμως, είδα έναν άντρα καθισμένο. Το ένα του μάτι ήταν σχεδόν κλειστό και κάτι μασουλούσε, δεν ξέρω τι ακριβώς. Μου έκανε εντύπωση το νευρικό τσουλούφι που πετούσε στο κεφάλι του.

«Θα ήθελα ένα κιλό μήλα.»

Εκείνος σηκώθηκε αργά απ' την ψάθινη καρέκλα του και προχώρησε κουτσαίνοντας, λες και το ένα του πόδι ήταν πιο κοντό απ' το άλλο. Διάλεξε τα μήλα ένα προς ένα, χτυπώντας τα ρυθμικά με το δάχτυλό του. Γέμισε μια σακούλα, μου την έδωσε και μετά με κοίταξε από το ένα και πενήντα ύψος του. Άνοιξε το στόμα του, αποκαλύπτοντας τα δόντια του, και μετά από λίγο κατάλαβα τελικά ότι αυτό το πράγμα φιλοδοξούσε να με πείσει ότι είναι χαμόγελο.

«Αχλάδια;» είπα για να δώσω τέλος στην άδοξη προσπάθειά του. Ένιωθα αμήχανος μαζί του. Εκείνος μου έφερε άλλη μια χαρτοσακούλα και στο πρόσωπό του έκανε πάλι την εμφάνισή του αυτό το τρομακτικό χαμόγελο. Προφύλαξα τον εαυτό μου λέγοντάς του: «Κίουι... ένα κιλό».

Εκείνος άνοιξε διάπλατα το καλό του μάτι κι έξυσε το κεφάλι του.

«Εεε;»

«Κίουι, αυτά τα τροπικά φρούτα... τα καφέ με το χνούδι.»

Δεν ξέρω τι κατάλαβε, όμως άνοιξε πάλι το στόμα του κι αναπήδησε μ' ένα ήρεμο χαμόγελο. Ήμουν έτοιμος να του εξηγήσω, έτσι, μόνο και μόνο για την ενημέρωσή του. Μετά τον κοίταξα καλύτερα και παραιτήθηκα απ' αυτή την παραγγελία μου.

«Λοιπόν, λίγες μπανάνες.»

Έφυγε πάλι και πήγε κουτσαίνοντας μέχρι τις μπανάνες. Το όλο σκηνικό θύμιζε κακομονταρισμένο φιλμ. Φτάνει πια. Ήθελα να φύγω από κει όσο το δυνατόν γρηγορότερα, όμως πριν τον ρώτησα: «Και η κυρία που ήταν εδώ μέχρι τώρα...;»

Ο μανάβης έκανε το σήμα του σταυρού στο κενό κι αυτό το σχήμα παρέμεινε στον αέρα σαν να ήταν ζωγραφιστό, μετά με κοίταξε με το μάτι του που γυάλιζε.

«Πέθανε;» ρώτησα ρητορικά. Εκείνος κούνησε το κεφάλι του, πάντα με τα δόντια του να πετάγονται προς τα έξω. ΄Εμοιαζε ικανοποιημένος, αλλά ίσως απλώς μου έδινε εμένα αυτή την εντύπωση. Δεν ήταν εύκολο να ερμηνεύσει κανείς αυτό το πρόσωπο.

«Λυπάμαι» είπα.

Εκείνος σήκωσε αδιάφορα τους ώμους του κι έβαλε τις τρεις χαρτοσακούλες μέσα σε μια μεγαλύτερη. Επιτέλους μπορούσα να φύγω.

«Πόσο κάνουν;»

Σήκωσε οχτώ δάχτυλα στον αέρα. ΄Εβγαλα ένα χαρτονόμισμα των δέκα και το ακούμπησα στο ταμείο. Μόλις εκείνη τη στιγμή συνειδητοποίησα ότι ο μανάβης δεν είχε πει λέξη όλη αυτή την ώρα. Δεν ήταν παράξενο, αλλά ξαφνικά ανησύχησα.

Βγήκα απ' το μαγαζί και αισθάνθηκα σαν να ξαναγύριζα στον κόσμο. ΄Ενιωσα εκείνη τη στιγμή ότι λάτρευα το μονοξείδιο του άνθρακα και τις καταπιεστικές πολυκατοικίες που υψώνονταν πάνω απ' το κεφάλι μου. Η μέρα είχε πάει πραγματικά κατά διαόλου. Άρχισε και να βρέχει καταρρακτωδώς μόλις πενήντα μέτρα από το σπίτι, λες και μου το φύλαγε για να γίνω λούτσα. Και σαν να μην έφταναν όλ' αυτά, μέσα στο γραμματοκιβώτιο βρίσκω και το λογαριασμό του ρεύματος. Έσταζα ολόκληρος. Ανέβαινα τις σκάλες και προσπαθούσα να κάνω ένα γρήγορο υπολογισμό. Για να πληρώσω αυτόν το λογαριασμό, θα έπρεπε να μεταφράσω σχεδόν είκοσι σελίδες και για το λογαριασμό του τηλεφώνου τουλάχιστον τις διπλάσιες. Μπορεί η περιοχή να μην ήταν χλιδάτη, αλλά τα έξοδα ήταν, Παναγίτσα μου. Τέλος πάντων, δεν είχα καθόλου καλή διάθεση.

Μπαίνοντας στο σπίτι σκουντούφλησα σε μια άθλια σκάλα μπογιατζή και σε δύο τενεκεδάκια με μπογιά. Η μουσική, φοβερά δυνατή για τ' αυτιά μου, με χτύπησε σαν χαστούκι. Οι τρεις άδειες βαλίτσες, που ήταν βαλμένες άτσαλα η μία πάνω στην άλλη σε μια γωνία στην είσοδο του καθιστικού, έδιναν στο χώρο την εικόνα του πρώτου ημίωρου μετά από το πέρασμα τυφώνα, γεγονός που με εξόργιζε.

Εμφανίστηκα στην πόρτα του δωματίου του ενοίκου μου και τον βρήκα να βάφει τους τοίχους σ' ένα ανοιχτό πράσινο, λαχανί εμετικό χρώμα, ενώ κουνούσε το σώμα του στο ρυθμό της μουσικής. Ήταν ήδη στο τελικό φινίρισμα. Το πάτωμα ήταν όλο καλυμμένο με παλιές εφημερίδες. Κι αυτό το χάρτινο καπέλο των οικοδόμων στο κεφάλι του συμπλήρωνε την ήδη αποκρουστική του εικόνα.

Μου είχε γυρισμένη την πλάτη και λόγω της μουσικής δε με είχε ακούσει. Χτύπησα την πόρτα, για να με προσέξει, εκείνος γύρισε και χαμήλωσε το ράδιο.

«Γεια σου κούκλε. Σ' αρέσουν οι AC/DC;»

«Δεν σκεφτήκατε ότι ίσως θα έπρεπε να με είχατε προειδοποιήσει;»

«Γαμώτο, κοίτα πώς έγινες! Λούτσα. Πήγαινε ν' αλλάξεις, αλλιώς θ' αρπάξεις κανένα κρυολόγημα.»

«Είπα: δεν σκεφτήκατε ότι ίσως θα έπρεπε να με είχατε προειδοποιήσει;»

«Τι είναι; Δε σ' αρέσει;... Μπορούμε να μιλάμε στον ενικό, έτσι δεν είναι;»

«Για ποιο λόγο;»

«Ζούμε μέσα στο ίδιο σπίτι, δε θα ήθελες σε καμία περίπτωση, φαντάζομαι, κάθε φορά που συναντιόμαστε να ανταλλάσσουμε χειροφιλήματα...»

«Προτιμώ τον πληθυντικό.»

«Όπως θέλεις. Να μου μιλάς όμως κι εσύ στον πληθυντικό... Τέλος πάντων αυτό το χρώμα δε σ' αρέσει; Εμένα μ' αρέσει πολύ, με χαλαρώνει.»

Γι' άλλη μια φορά μ' έπιασε αυτή η ακατανίκητη επιθυμία να τον πλακώσω στο ξύλο. «Αυτό που είπα ήταν απλώς ότι θα μπορούσαμε να το είχαμε συζητήσει πριν».

«Πληρώνω ενοίκιο κι αυτό είναι το δωμάτιό μου, επομένως αποφασίζω εγώ γι' αυτό, θα έπρεπε να είσαι κι ευχαριστημένος, έτσι δεν είναι; Θα μπορούσα να είχα φωνάξει έναν μπογιατζή, ενώ τώρα θα σου κοστίσει ελάχιστα.»

«Αα, δεν το 'ξερα ότι θα πρέπει να πληρώσω κιόλας για κάτι που δε μ' αρέσει.»

Εκείνος άνοιξε τα χέρια με τον ίδιο ακριβώς τρόπο, όπως

λίγη ώρα πριν ο εκμεταλλευτής εκδότης μου.

«Εξάλλου, σπίτι σου είναι, όταν θα φύγω δε θα πάρω και τους τοίχους μαζί μου.»

«Και πότε θα φύγετε;... Σας ρωτάω έτσι, για να ξέρω.»

«Δεν ξέρω ακόμα, αλλά ελπίζω σύντομα, θα πρέπει να τελειώσω μια δουλίτσα που έχω στην πόλη.»

«Τι είδους δουλίτσα;»

«Τίποτε αξιόλογο... Έχεις υπόψη σου καμιά θέση για μένα;»

«Θέση; Μα είστε εδώ μόλις μια μέρα...»

«Ε, δεν ξέρεις ποτέ. Τέλος πάντων, ήθελα να σου ζητήσω το κλειδί του γραμματοκιβωτίου, για να νιώθω πιο ανεξάρτητος.»

«Έχω μόνο ένα.»

«Οκέυ, βγάλε μου όμως ένα. Θα περιμένω.»

Για να μην του χώσω καμιά μπουνιά, άλλαξα συζήτηση.

«Κοιτάξτε, δε θα θέλατε ν' αφήσετε τις βαλίτσες έτσι...»

«Βάλ' τες όπου θέλεις, εγώ δεν τις χρειάζομαι προς το παρόν.»

Εκείνη τη στιγμή συνειδητοποίησα ότι οι παλιές εφημερίδες στο πάτωμα ανήκαν στη συλλογή μου από εφημερίδες «Candido», που τις είχα κληρονομήσει απ' τη γιαγιά μου απ' την πλευρά του πατέρα μου, και τις οποίες εκείνη φύλαγε σαν κόρη οφθαλμού για πολλές δεκαετίες. Δεν είχα πλέον το κουράγιο να συνεχίσω αυτή τη συζήτηση και πήγα να κάνω ένα ντους, με την ελπίδα ότι το ζεστό νερό θα κατάφερνε να μ' απαλλάξει απ' την οργή, τα νεύρα, άρα και την επιθυμία να τον σπάσω στο ξύλο, που είχαν κυριαρχήσει ξανά στο μυαλό και την ψυχή μου. Αλλά ο ένοικός μου ήρθε και μου χτύπησε την πόρτα, γιατί χρειαζόταν επειγόντως την τουαλέτα. Βγήκα γυμνός απ' την μπανιέρα, άνοιξα μόλις μια μικρή χαραμάδα στην πόρτα, πήρα το σοβαρό μου ύφος και με αυστηρή φωνή του είπα:

«Δε νομίζετε ότι πρέπει να πούμε δυο κουβέντες, εμείς οι δυο;»

«Καμία αντίρρηση, πάντοτε μου άρεσε να συζητάω... Απόψε στο δείπνο;»

Έσπρωξε την πόρτα, με προσπέρασε και πήγε να κατουρήσει. Εάν είχα αφήσει ελεύθερο τον εαυτό μου, θα τον είχα πνίξει μέσα στο νερό της λεκάνης.

*

Το δείπνο; Φυσικά τα έκανα όλα εγώ. Εκείνος είπε ότι θα πήγαινε να διαβάσει λίγο στο κρεβάτι, και να τον φώναζα όταν θα ήταν όλα έτοιμα. Τον κοίταξα λες κι είχα απέναντί μου έναν τρελό, αλλά το μόνο πράγμα που μου βγήκε να του πω ήταν: «Δε θα με βοηθήσεις;»

«Συγνώμη, αλλά πραγματικά δεν μπορώ, όμως αν δεν έχεις διάθεση να μαγειρέψεις, πήγαινε φέρε τίποτα απ' την ψησταριά που είναι παρακάτω, δεν είμαι δύσκολος στο φαΐ.»

Σε τέτοιες στιγμές αυτόν που δεν καταλάβαινα πάνω απ' όλα ήταν εμένα τον ίδιο. Γιατί δεν τον πετούσα απ' τις σκάλες;

Μαγείρεψα και για τους δυο μας, ψιθυρίζοντας μόνος μου δηλητηριώδεις ατάκες και ανακαλώντας στο μυαλό μου μακάβριες εικόνες κλεμμένες απ' τα διηγήματα του Πόε. Στράγγιξα τα μακαρόνια και τον φώναξα με μια κραυγή.

«Έτοιμααα!»

Εκείνος ήρθε μετά από λίγο, για την ακρίβεια τη στιγμή που έριχνα τη ντομάτα στα μακαρόνια. Ήταν με τις κάλτσες και με το πουκάμισο έξω απ' το παντελόνι.

«Τι τρέχει; Δεν έχεις πρόβλημα, εάν είμαι ντυμένος έτσι στο δείπνο, ε;» και την ίδια στιγμή χασμουρήθηκε, χωρίς φυσικά να βάλει το χέρι μπροστά στο στόμα του. Μετά κάθισε στη θέση μου, στη θέση που καθόμουν πάντα όταν έτρωγα. Πήρα μια βαθιά ανάσα και βολεύτηκα στην άλλη μεριά. Δεν ήθελα να μου κοπεί η όρεξη.

Εκείνος έβαλε τους αγκώνες του στο τραπέζι, σταύρωσε αργά τα χέρια του και τ' ακούμπησε κάτω απ' το πιγούνι του. Περίμενε χαμογελαστός το φαγητό. Είχε τον αέρα ανθρώπου που αισθάνεται ανώτερος, αλλά δεν καταδέχεται ούτε να το ανακοινώσει. Απαίσια αίσθηση! Εκείνη τη στιγμή θυμήθηκα ότι δεν ήξερα ούτε καν το όνομά του, και για να μην του ρίξω τα μακαρόνια στη μούρη, ασχολήθηκα μ' αυτό.

«Δε μου έχετε πει ακόμα τ' όνομά σας.»

«Εγώ; Φώναξέ με Φρεντ, έτσι με φωνάζουν οι φίλοι μου.»

«Δεν είμαι φίλος σας. Μπορώ να μάθω ποιο είναι το πραγματικό σας όνομα;»

«Μμμ, τι άρωμα! Τρως πάντα στην κουζίνα;»

«Βέβαια.»

«Ααα, καλά...»

Ελαφρώς απογοητευμένος τα 'βαλε με το μάτι του, το έξυσε μπήγοντας το δάχτυλό του και κάνοντάς το να πάλλεται με δύναμη, ενώ την ίδια στιγμή απ' τα λαδωμένα μαλλιά του έπεφταν τόνοι πιτυρίδας. Γι' άλλη μια φορά το άφησα να περάσει έτσι, έβαλα τα μακαρόνια στη μέση του τραπεζιού κι εκείνος μου έκανε τη χάρη και με σέρβιρε πρώτο. Δεν ήταν από ευγένεια, όχι, απλώς η ντομάτα είχε κάτσει όλη στο κάτω μέρος της πιατέλας. Μόλις τελείωσε τα μακαρόνια του, ο Φρεντ αφέθηκε πίσω στην καρέκλα του και το ένστικτό μου έκανε γονυκλισίες να σπάσει η πλάτη της καρέκλας και να τον δω να πέφτει και να τσακίζεται. Αλλά δεν έσπασε. Έβαλε το λερωμένο πιάτο του στη μία μεριά και κοίταξε προς το φούρνο.

«Και για δεύτερο πιάτο τι ωραίο μας ετοίμασες;»

«Μπριζόλες με κάπαρη κι αντσούγιες.»

«Ααα, αυτό λοιπόν θέλει πολύ ψωμί και κρασί... Κι εσένα πώς σε λένε;»

«Κάρλο.»

«Να, βλέπεις...»

Ετοίμαζα τις μπριζόλες με το μυαλό μου θολωμένο απ' την καταπιεσμένη οργή που με κυρίευε, συγχυσμένος απ' την απόλυτη ηρεμία αυτού του αηδιαστικού πλάσματος. Μου φαινόταν ότι έβλεπα ένα άσχημο όνειρο.

Ο Φρεντ έπεσε με τα μούτρα στην κάπαρη με μια λύσσα που μ' έκανε έξαλλο. Κατέβαζε το κρασί σαν νερό. Επαινούσε τη μαγειρική μου κι έκανε παπάρα ολόκληρες φέτες ψωμιού στη σάλτσα, ανοίγοντας διάπλατα τα μάτια του από χαρά κι απόλαυση. Μόνο που τον έβλεπα να πιάνει το ψωμί και να το βουτάει στην πιατέλα, μ' έπιασε αηδία κι απαρνήθηκα τη σάλτσα. Μασουλούσα και κατέβαζα τις μπουκιές, χωρίς καν να τις γεύομαι. Μετά λέρωσε το πιγούνι του κι έψαχνε κάτι για να το σκουπίσει. Δε βρήκε τίποτα και έσκασε ένα αμήχανο γελάκι.

«Δεν υπάρχουν πετσέτες κουζίνας, ε; Μπορώ να χρησιμοποιήσω αυτό;» Σήκωσε τη μια άκρη του τραπεζομάντιλου και σκουπίστηκε, προτού προλάβω να πω κουβέντα. Δεν μπορούσε να συνεχιστεί έτσι αυτή η κατάσταση. Κάθε λεπτό που περνούσε μου φαινόταν ότι έχανα έδαφος, έπρεπε να σταματήσει αυτή η τραγωδία που ζούσα. Παρ' όλα αυτά σηκώθηκα και του έφερα μια χαρτοπετσέτα, αφήνοντας και πάλι τη συζήτηση για μετά το δείπνο. Φυσικά βιαζόμουν να τελειώνουμε. Αφού φάγαμε και το κρέας, σηκώθηκα.

«Φρούτο;»

Εκείνος χτύπησε ελαφρά την κοιλιά του, ικανοποιημένος.

«Τι καλό έχουμε;»

«Μπανάνες, μήλα κι αχλάδια.»

«Ανανά;»

«Όχι, μόνο μπανάνες, μήλα κι αχλάδια.»

«Έχει καλώς, θα φάω μία μπανάνα... Γιατί δεν τις κάνουμε φλαμπέ;»

«Ακούστε Φρεντ, ή όπως στο διάολο λέγεστε, θα πρέπει να ξεκαθαρίσουμε κάποια πράγματα, φάτε την μπανάνα σας γρήγορα και πάμε να κάτσουμε να συζητήσουμε τους κανόνες της συγκατοίκησής μας... Θα σας πω στα γρήγορα ότι εάν δε χρειαζόμουν τα χρήματα, δεν θα σας είχα νοικιάσει το δωμάτιο.»

«Μιλάς για το δικό μου δωμάτιο;»

«Ναι, γι' αυτό το δωμάτιο... Δε μ' αρέσει να νοικιάζω δωμάτια, και ξέρετε γιατί; Γιατί δεν αντέχω να βρίσκω το μπάνιο μου κατειλημμένο, γιατί όταν ξυπνάω αγχωμένος μέσα στη νύχτα και κατεβάζω όλο το ψυγείο, θέλω να είμαι μόνος μου, γιατί δε μ' αρέσει να ξέρω ότι κάποιος άλλος κοιμάται στο σπίτι μου, και για ένα εκατομμύριο άλλους λόγους που με λίγη φαντασία μπορείτε και μόνος σας να τους σκεφτείτε.»

«Προσπαθείς να μου πεις κάτι; Γιατί δε μιλάς ξεκάθαρα;»

«Θέλω να ακολουθούνται συγκεκριμένοι κανόνες στη συγκατοίκησή μας, τα πιάτα και το μπάνιο να πλένονται εναλλάξ, ξεκάθαρες συμφωνίες όσον αφορά την πληρωμή των λογαριασμών και κυρίως να υπάρχει σεβασμός του χώρου και του χρόνου του άλλου.»

«Έλα βρε Κάρλο, ας μην είμαστε πια και τόσο αυστηροί, ε; Στην ουσία τι είναι αυτό που δεν πάει καλά;»

«Για την ώρα όλα.»

«Έλα τώρα, μη γίνεσαι Μαρσεγιέζος...»

«Τι είναι πάλι αυτό;»

«Έλα μωρέ, μια γαλλική έκφραση είναι... όταν κάποιος υπερβάλλει...»

«Σκατούλες.»

«Βλέπεις; Μόλις έμαθες κάτι καινούργιο κι αντί να είσαι ικανοποιημένος...»

«Αρκετά, δεν υπερβάλλω και δε γίνομαι Μαρσεγιέζος... Η συμβίωση στον ίδιο χώρο είναι μια λεπτή υπόθεση, είναι απαραίτητο να υπάρχουν συγκεκριμένοι κανόνες.»

«Παρεμπιπτόντως, το δικό σου μερίδιο για το βάψιμο είναι διακόσιες χιλιάδες λιρέτες, αλλά αν θέλεις, μπορούμε να τις αφαιρέσουμε απ' το ενοίκιο.»

«Διακόσιες χιλιάδες; Μα καλά, πόσα ξόδεψες για την μπογιά;»

«Διακόσιες χιλιάδες, αλλά δεν είναι μόνο η μπογιά... Είναι και τα πινέλα και η ταινία για να μη λερωθεί το σοβατεπί.»

«Και γιατί πρέπει να τα πληρώσω όλα εγώ;»

«Όχι όλα, την εργασία την έβαλε ο υποφαινόμενος, έτσι δεν είναι;» Έδειξε τον εαυτό του με τον αντίχειρά του και με τον αέρα κάποιου που παρουσιάζει μια ιδιοφυΐα. Ασυναίσθητα οι χούφτες μου σφίχτηκαν σε μπουνιές.

«Μάλιστα.» Δεν ήξερα τι άλλο να πω. Εκείνος σήκωσε τους ώμους του κι άνοιξε διάπλατα τα χέρια του, παίρνοντας μια έκφραση, την οποία ευχαρίστως θα διέλυα με μια γερή μπουνιά κατάμουτρα.

«Βλέπεις; Με τον Φρεντ πάντοτε κερδίζεις.»

Ήμουν έτοιμος να ξεσπάσω, αλλά συνέβη κάτι αναπάντεχο. Στη διάρκεια του δείπνου, προκειμένου να μην πιει όλο το κρασί μόνος του, αναγκάστηκα να γεμίζω συνέχεια το ποτήρι μου και τελικά ήπια περισσότερο απ' όσο ήθελα. Μέχρι εκεί καλά. Αλλά ως συνήθως, το αλκοόλ με πιάνει ξαφνικά, και σε κάποια στιγμή η οργή που με κυρίευε εξαφανίστηκε. Άρχισα να αισθάνομαι ήρεμος κι ευτυχισμένος, σαν να μπορούσε να ξεκαθαρίσει από μόνη της όλη αυτή η απαίσια κατάσταση. Μου φάνηκε ότι κατά βάθος δε θα ήταν και τόσο άσχημα να μένει κάποιος σαν κι αυτόν μαζί μου στο σπίτι. Δε θα 'πρεπε ν' ανησυχώ τόσο πολύ. Και μάλιστα η βραδιά μπορούσε να συνεχιστεί όμορφα, έτσι πίστευα. Και επιπλέον δε χρειαζόταν σε καμία περίπτωση να λογοδοτήσω σε κανέναν. Έτσι ακριβώς σκεφτόμουν: «Δε χρειάζεται να λογοδοτήσω σε κανέναν». Χώρισα στα δύο ένα υπόλοιπο παγωτού που βρήκα στο ψυγείο, έριξα από πάνω και μια κουταλιά σιρόπι βατόμουρο και φώναξα τον Φρεντ να έρθει στο καθιστικό.

Εκείνος έκανε βαριεστημένα πατινάζ με τις κάλτσες στο πάτωμα και μετά πήγε και ξάπλωσε στον καναπέ. Σε μένα έμεινε η πολυθρόνα. Καλά ήταν κι έτσι, ρε γαμώτο. Δεν είχα κανένα λόγο να αισθάνομαι θιγμένος. Μου φαινόταν ότι ο Φρεντ κι εγώ ήμασταν σχεδόν φίλοι, και γιατί όχι; Δεν μπορούσαμε να γίνουμε φίλοι; Ίσως το λάθος αυτού του ειδυλλίου αιθυλικής αλκοόλης να ήταν ότι ήμουν υπερβολικά μοναχικός. Θα μου έκανε κατά βάθος καλό να μιλάω με κάποιον, αυτό σκεφτόμουν, ενώ το δωμάτιο μπάταρε ελαφρά σαν βάρκα με άγκυρα. Συνήθως τα βράδια περιπλανιόμουν χωρίς σκοπό σ' αυτήν την έρημη γειτονιά, σταματούσα σε κανένα μπαρ για να δω τους ηλικιωμένους να παίζουν χαρτιά, μένοντας σιωπηλός, καπνίζοντας και πίνοντας, είτε αποκοιμιόμουν μπροστά στην τηλεόραση και ξυπνούσα μέσα στη νύχτα με την ακράτητη επιθυμία να κλάψω. Σκεφτόμουν ότι ήταν κάτι κι αυτό, να έχεις απέναντί σου έναν άνθρωπο και να μπορείς να πεις μια κουβέντα...

«Καλό το παγωτό;»

«Τέλειο.»

«Πες μου Φρεντ... Μπορώ να σου μιλάω στον ενικό, έτσι;»

«Φυσικά.»

«Ήθελα να πω... Είσαι μόνος σου ή είσαι με καμιά; Αλλά αν δε θέλεις ν' απαντήσεις...»

Εκείνος χαμογέλασε κι ανέβασε το πόδι του στην πλάτη του καναπέ.

«Γυναίκα ε;... Τώρα όχι, ευτυχώς είμαι μόνος, αλλά σκέψου ότι έχω παντρευτεί ήδη μία φορά.»

«Αλήθεια;»

«Φοβερή πλάκα! Ακόμα δεν το πιστεύω· εγώ παντρεμένος! Ποιος ξέρει τι είχα στο μυαλό μου...»

«Για λέγε...»

Άφησε την κρέμα να γλιστρήσει στη γλώσσα του κι όταν μιλούσε, έβλεπα άσπρες αηδιαστικές κηλίδες μες στο στόμα του.

«Αα! Τι να λέμε τώρα... Ήταν γερμανίδα του κώλου. Φοβερό μουνί, το παραδέχομαι, αλλά σκατά απ' την κορυφή μέχρι τα νύχια. Ξέρεις, απ' αυτές που προσποιούνται, προσποιούνται... Μα τι στο διάολο προσποιείσαι! Μια γυναίκα ανικανοποίητη, ήθελε το ένα, ήθελε το άλλο... Αρχίδια!»

«Λυπάμαι...»

«Κι επιπλέον τυπική, γαμώτο, υπερβολικά τυπική, απ' αυτές που μπροστά στους καλεσμένους είναι όλο χαμόγελα κι ευγένειες και μετά... τέλος πάντων, μετά από λίγο καιρό άρχισε να μισεί ο ένας τον άλλο. Χωριστά κρεβάτια, χωριστοί φίλοι, διαφορετικά ωράρια, κι αν κατά τύχη συναντιόμασταν στην κουζίνα, υποκρινόταν ότι δεν έτρεχε τίποτα. Χαμόγελα και μίσος, μίσος και χαμόγελα. Δεν μπορούσε να συνεχιστεί έτσι αυτή η κατάσταση. Κι έτσι μια ωραία πρωία τα μάζεψα κι έφυγα. Δε σου λέω τι ανακούφιση ένιωσα! Επιτέλους μόνος, ελεύθερος σαν πουλί στον άνεμο.»

«Και δεν την έχεις ξαναδεί από τότε;»

«Αυτή τη σκρόφα; Ευτυχώς όχι, κι αν τη δω, θ' αλλάξω πεζοδρόμιο... Οι γυναίκες, αγαπητέ μου, είναι ύαινες. Να τις πηδήξεις ναι, αλλά μετά πρέπει να τις πετάξεις απ' το κρεβάτι σου και τέρμα. Οι γυναίκες...»

΄Ισως ήταν η επιρροή του κρασιού, αλλά πίσω απ' τα αισχρά λόγια του διέκρινα μια πληγωμένη και βασανισμένη καρδιά, που είχε ανάγκη από παρηγοριά. Το αλκοόλ μού είχε πέσει βαρύ, δεν το άντεχα κιόλας, και συνέχιζα να του μιλάω σαν φίλος. Εκείνη τη στιγμή ήμουν πεπεισμένος ότι όλες οι διαφορές μας μπορούσαν να λυθούν με υπομονή και κατανόηση.

«΄Ισως δεν έχεις βρει ακόμα την κατάλληλη γυναίκα... Εγώ πιστεύω ότι ο έρωτας είναι κάτι πολύ ωραίο, έτσι δεν είναι;»

«Κι εγώ, βέβαια! Είναι υπέροχο πράγμα... Υπάρχουν όμως γυναίκες που είναι μέδουσες, μεγάλος μπελάς, αναζητούν διαρκώς ένα κορόιδο, για να το κάνουν σκλάβο τους. Αλλά ο Φρεντ δε μασάει... Ο Φρεντ τις γυναίκες ξέρει να τις πηδάει καλά... ΄Εχει άλλο παγωτό;»

«Τελείωσε.»

«Γαμώτο... Λοιπόν ας μπουκάρουμε στην αποθήκη κι ας πιούμε κάτι δυνατό.»

Είχα μόνο ένα πικρό, παμπάλαιο λικέρ σε μεσαίου μεγέθους μπουκάλι, με τις αράχνες να 'χουν πλέξει τον ιστό τους απ' το καπάκι του μέχρι τη γωνία του ραφιού. ΄Ενα μεσαίο μπουκάλι στα χέρια του Φρεντ αντιστοιχούσε με δεκάλεπτη απασχόληση. Κι εγώ ήπια ένα μεγάλο ποτήρι, οπότε το μεθύσι μου χρωματίστηκε με μια πικράδα. Ρευόμουν αδιάκοπα κι ένιωθα στη μύτη μου την έντονη κι αλμυρή μυρωδιά της κάπαρης, αλλά το μυαλό μου παρέμενε γαλήνιο. Μιλήσαμε λίγο ακόμα για διάφορα πράγματα, και η φάτσα του μου γινόταν ολοένα και λιγότερο αντιπαθητική. Γύρω στη μία, τον συνόδευσα στην πόρτα του δωματίου του, και κατευθείαν άρχισα να κάνω θετικά σχόλια γι' αυτό το λαχανί χρώμα που είχε βάλει στους τοίχους του δωματίου. Λίγο έλειψε να τον φιλήσω κιόλας για καληνύχτα.

«Λοιπόν, τα λέμε αύριο Φρεντ.»

«... νύχτα, Κάρλο... Κοίτα, όσον αφορά τα κλειδιά...»

«Αύριο, Φρεντ, αύριο θα σου τα φτιάξω.»

«Ευχαριστώ, και μην ξεχάσεις τις διακόσιες χιλιάδες.»

«Δε μου είπες ότι θα τις αφαιρέσουμε απ' το ενοίκιο;»

«Εε, για την ώρα δεν μπορώ να σε πληρώσω, γι' αυτό καλύτερα να μου δώσεις σύντομα τις διακόσιες χιλιάδες, έτσι; Το ξανασκέφτηκα και κατέληξα ότι είναι καλύτερο να μην μπλέκουμε τους λογαριασμούς.»

Δεν κατάλαβα πολύ καλά και ήμουν πολύ κουρασμένος για να σκεφτώ οτιδήποτε άλλο απόψε.

«Θα τα πούμε αύριο, Φρεντ, τώρα πάω για ύπνο.»

«... νύχτα, Κάρλο, όνειρα γλυκά.»

Ήμουν χώμα, αλλά τακτοποίησα ο ίδιος τις βαλίτσες του φίλου μου του Φρεντ στην αποθήκη με τις σκούπες, που τελικά έπιασαν όλο τον ελεύθερο χώρο. Τουλάχιστον δε θα τις είχα μες στα πόδια μου.

Πήγα στο μπάνιο να πλύνω τα δόντια μου και δεν ξέρω πώς έγινε αυτό, αλλά ξαφνικά μου πέρασε το μεθύσι. Όλη η οργή ξύπνησε μέσα μου, και προστέθηκε επιπλέον και η έλλειψη αυτοεκτίμησης. Σκεφτόμουν τον Φρεντ κι ένιωθα ηλίθιος. Ήταν εξευτελιστικό για μένα τον ίδιο και με βάραινε που δεν πρόλαβε καλά καλά να έρθει, κι εγώ αμέσως τον καλόπιασα. Τώρα ήξερα σε ποιον έπρεπε να λογοδοτήσω: σε μένα, εγώ ήμουνα ο μαλάκας. Μου φαινόταν ότι τα πόδια μου είχαν βυθιστεί ακόμα πιο βαθιά σε κινητή άμμο. Καταραμένο κρασί... κι αυτό το λικέρ!

Πήγα για ύπνο. Στριφογυρνούσα στα σεντόνια προσπαθώντας μάταια να κοιμηθώ. Ένιωθα εγκλωβισμένος σε μια παγίδα κι ήθελα να βρω λύση, εδώ και τώρα. Άλλαζα συνέχεια πλευρό, χωρίς να μπορώ να ηρεμήσω. Κάθε τόσο άκουγα από μακριά το σφύριγμα κάποιου τρένου που περνούσε, και καταδίωκα αυτόν τον ήχο, φανταζόμουν ότι έφευγα μακριά, ότι ταξίδευα χωρίς διακοπή και χωρίς προορισμό. Όλη αυτή η κατάσταση με συγκινούσε απόλυτα. Ποιος ξέρει, ίσως ήταν αναμνήσεις απ' την παιδική μου ηλικία, ή ήταν απλώς κούραση. Στις τέσσερις τα μάτια μου ήταν ακόμη ορθάνοιχτα, πνιγμένα στο σκοτάδι. Άκουσα τον Φρεντ να βγαίνει έξω και, αν και μ' ενόχλησε ο θόρυβος που έκανε η πόρτα που έκλεισε χωρίς κανένα σεβασμό, χάρηκα που έμεινα μόνος μου. Αισθάνθηκα αμέσως καλύτερα. Μου 'μεινε λίγος χρόνος ν' ακολουθήσω ένα ακόμη τρένο που απομακρυνόταν, και μετά κοιμήθηκα.

Ξύπνησα στις οκτώ με την αίσθηση ότι άκουσα κάποιο θόρυβο. Σηκώθηκα. Ο Φρεντ ροχάλιζε στο δωμάτιό του. Δεν τον είχα ακούσει όταν γύρισε. Το κεφάλι μου ήταν έτοιμο να σπάσει και η γλώσσα μου ήταν στεγνή. Ανάμεσα στα μάτια μου και στον κόσμο είχε απλωθεί ένα πέπλο κατάθλιψης. Το καλύτερο πράγμα που θα μπορούσε να μου συμβεί, ήταν πραγματικά ν' ανέβω στο πρώτο τρένο που θα έβρισκα μπροστά μου και να κατέβω στην τελευταία στάση του, όποια κι αν ήταν αυτή. Αλλά δεν είχα χρήματα ούτε καν για τα πιο φτηνά μου όνειρα. Έπρεπε πάση θυσία ν' αρχίσω τη μετάφραση αυτού του καταραμένου βιβλίου μαγειρικής. Ευτυχώς είχα αρκετή ώρα κι αφού ήπια έναν καφέ, αποφάσισα να βγω έξω, για να μαζέψω λίγο οξυγόνο προτού κλειστώ στο σπίτι και πέσω με τα μούτρα στη δουλειά.

Κατέβηκα τις σκάλες με τα πόδια μου ακόμα μουδιασμένα. Η Ατιλία, μια γυναίκα αρκετά σωματώδης που έμενε στο ισόγειο, με σταμάτησε στην πόρτα, κουνώντας το κεφάλι της που ήταν καλυμμένο από χνουδωτές πλεξούδες. Δεν έβγαινε σχεδόν ποτέ, ήταν όλη την ώρα με τις παντόφλες της και μιλούσε στην είσοδο μ' όλους τους ενοίκους. Είχε υιοθετήσει το ρόλο του θυρωρού της πολυκατοικίας και κανένας δεν τολμούσε να την απογοητεύσει. Με συμπαθούσε ιδιαιτέρως και μου το έδειχνε προσφέροντάς μου κάθε τόσο σκόρδα και κρεμμύδια, που της τα 'φερνε ο αδερφός της απ' το χωριό. Μου έπιασε το χέρι και με κοίταξε ανοίγοντας διάπλατα τα μάτια της.

«Μάθατε για τη δολοφονία;»

«Ποια δολοφονία;»

«Στραγγάλισαν μια ηλικιωμένη, αυτή που έμενε στη διπλανή πολυκατοικία, την Τσεζίρα Μπραντολίνι, τη θυμάστε, ε;»

«Ίσως...»

«Πώς ίσως; Η Τσεζίρα Μπραντολίνι, αυτή που περπατούσε διπλωμένη στα δύο, με το γιο το χασάπη... Μα και βέβαια τη θυμάστε.»

«Αυτό δε μου φαίνεται σημαντικό.»

«Αα την καημενούλα! Ο δολοφόνος της πήρε κι όλα τα κοσμήματα... Εγώ την ήξερα καλά, την πήρε το ασθενοφόρο πριν μισή ώρα... Τι τραγωδία!»

Μ' έλουσε κρύος ιδρώτας. Ίσως ήταν απλώς επειδή τον μισούσα, αλλά σκέφτηκα αμέσως τον ένοικό μου. Νοίκιασα το δωμάτιό μου σ' ένα δολοφόνο.

«Τι ώρα έγινε;»

«Μάλλον γύρω στις 4.30′. Την καημενούλα... Η αστυνομία μού έκανε διάφορες ερωτήσεις, αλλά εγώ δεν άκουσα τίποτα χθες το βράδυ. Μάλλον θα έρθουν και σε σας, θα ανακρίνουν όλη τη γειτονιά.»

«Εγώ κοιμόμουν.»

Εκείνη χαμήλωσε τη φωνή της, τα μάτια της έλαμψαν.

«Λένε ότι ο δολοφόνος τη βίασε κιόλας.»

«Τη βίασε; Τη γιαγιά;»

Εκείνη πήρε μια έκφραση σαν να 'θελε να δείξει ότι καταλάβαινε όλου του κόσμου τις παραξενιές.

«Ο καθένας με τα γούστα του, ε; Όπως λέει εκείνος...»

«Εκείνος ποιος;»

Δεν έβλεπα την ώρα να φύγω. Εκείνη χαμήλωσε ακόμα περισσότερο τη φωνή της, παίρνοντας ένα συνωμοτικό ύφος.

«Εκείνος που καθάριζε τα καθίσματα...», και σ' αυτό το σημείο έκανε μια μικρή παύση και μ' ένα χαμόγελο μού πίεσε το μπράτσο, «... με το γυαλόχαρτο».

Της ξέφυγε ένας σπασμός γέλιου και έκρυψε τα δόντια της με το χέρι της. Ήταν σίγουρη ότι είχε πει κάτι απίστευτα έξυπνο. Απεχθανόμουν αυτού του είδους τα ευφυολογήματα, που κανονικά θα έπρεπε να με διασκεδάζουν, αλλά εμένα με δυσαρεστούσαν. Μετά από λίγο η κυρία Ατιλία συνήρθε, απογοητευμένη που δεν είχα ξεκαρδιστεί στα γέλια, και πήρε μια έκφραση σύγχυσης κι αμηχανίας.

«Τώρα που το σκέφτομαι, εκείνη την ώρα άκουσα κάποιον να κατεβαίνει τις σκάλες... Λέτε να ήταν ο δολοφόνος;»

«Δεν άκουσα τίποτα, κοιμόμουν.»

Έκανα μια χειρονομία ανυπομονησίας, για να της δώσω να καταλάβει ότι βιαζόμουν, αλλά η Ατιλία μ' έπιασε απ' το μπράτσο, κοιτάζοντάς με στα μάτια και μιλώντας μου ψιθυριστά, λες και ήταν κατάσκοπος.

«Αλλά εγώ τους το είπα, ξέρετε, ότι είστε πολύ σωστός άνθρωπος.»

«Σε ποιον το είπατε;»

«Στην αστυνομία.»

«Στην αστυνομία; Σας ρώτησαν για μένα;»

«Ήθελαν να ξέρουν λίγο πολύ για όλους, αλλά κυρίως για σας. Αλλά εγώ τους το είπα, ξέρετε. Εδώ όλοι είναι έντιμοι, εκτός απ' αυτή την πουτάνα του τελευταίου ορόφου.»

«Την Τζιοβάνα; Μα όχι, γιατί πουτάνα;»

«Πουτάνα, πουτάνα... Ο καθένας κουβαλάει το σταυρό του, έτσι δεν είναι; Ε, λοιπόν θα ήταν καλύτερο αν θα μπορούσαμε να διαλέξουμε τους γείτονές μας.»

Όχι, η Τζιοβάνα δεν ήταν πουτάνα, ήταν απλώς μια όμορφη, ανασφαλής κοπέλα που ερωτευόταν συχνά, κάθε φορά με την πεποίθηση ότι έχει βρει τον πρίγκιπα του παραμυθιού. Μα γιατί τη λέει πουτάνα; Αν όμως πήγαινε κανείς κόντρα στην κυρία Ατιλία, ήταν σαν να προσπαθούσε να γκρεμίσει τον Πύργο του Άιφελ με κλοτσιές. Χρόνια τώρα κανένας δεν έμπαινε πια στον κόπο.

«Τώρα με συγχωρείτε, πρέπει να πηγαίνω.»

«Εάν έρθουν να σας ψάξουν, τι να πω;»

«Ποιος να έρθει να με ψάξει;»

«Αυτοί... η αστυνομία.»

«Πείτε ότι λείπω όλη την ημέρα.»

Εκείνη τότε με υπερβολική οικειότητα με πλησιάζει. Το στόμα της ανέδυε μυρωδιά σκόρδου.

«Γι' αυτόν τον τύπο που μένει μαζί σας δεν είπα τίποτα, μην ανησυχείτε.»

«Μα, δεν ανησυχώ.»

Κι όμως ανησυχούσα πολύ. Η φαντασία μου μολυσμένη απ' την οργή μου, και ίσως κι η κούρασή μου, μού έφερναν μπροστά στα μάτια όλο και πιο έντονα την εικόνα του Φρεντ να στραγγαλίζει την ηλικιωμένη της διπλανής πολυκατοικίας. Τον έβλεπα με το πρόσωπο παραμορφωμένο απ' την προσπάθεια να τη σκοτώσει, οι αντίχειρές του να πιέζουν το ρυτιδωμένο λαιμό αυτής της καημενούλας γριούλας. Ήμουν αναστατωμένος, τα χέρια μου είχαν ιδρώσει. Δεν έβλεπα την ώρα ν' απαλλαγώ απ' την κυρία Ατιλία, για να μείνω λίγο μόνος μου να σκεφτώ, αλλά εκείνη μου έκλεισε το μάτι.

«Κοιτάξτε κύριε Κάρλο, μπορεί να είμαι μεγάλη σε ηλικία, αλλά είμαι μοντέρνα γυναίκα, ξέρετε.»

Μου πήρε λίγο χρόνο μέχρι να καταλάβω ότι είχε αλλάξει συζήτηση. Εκείνη συνέχιζε, κλείνοντάς μου το μάτι.

«Το τι κάνετε στο σπίτι σας δε μ' ενδιαφέρει, ο καθένας έχει τα γούστα του και τις προτιμήσεις του, και αν εσείς θέλετε να έχετε έναν άντρα μέσα στο σπίτι σας... εγώ τους δέχομαι όλους, ξέρετε. Από μένα θα είστε πάντα καλοδεχούμενος.»

Ξαφνικά συνειδητοποίησα τι υπονοούσε, και αισθάνθηκα να μου ανεβαίνει το αίμα στο κεφάλι.

«Όχι, λάθος κάνετε, είναι απλώς φιλοξενούμενός μου, φίλος ενός φίλου μου, χρειαζόταν να μείνει για μερικές εβδομάδες στην πόλη κι εγώ προσφέρθηκα να...»

Η Ατιλία μου πίεσε μητρικά τον αγκώνα με τα χέρια της που έμοιαζαν με παλαιστή, χασκογελώντας με μια διάθεση κατανόησης.

«Άντε, κύριε Κάρλο, μην ανησυχείτε, δε θα πω τίποτα σε

κανέναν! Κι επιπλέον είστε ελεύθερος να κάνετε ό,τι θέλετε... ο καθένας έχει τις ανάγκες του, έτσι δεν είναι;»

Αποφάσισα ότι πρέπει να επιτεθώ μετωπικά, δεν άντεχα άλλο πια αυτά τα υπονοούμενα, οπότε κάνω ένα βήμα μπροστά αναγκάζοντάς την να ξαναμπεί στο σπίτι της κι εγώ χώνω μόνο το κεφάλι μου. Τότε με χαμηλή φωνή, ίσα που αρθρώνω τις λέξεις...

«Κυρία Ατιλία, ας μιλήσουμε ξεκάθαρα, δεν είμαι ομοφυλόφιλος, δεν έχω τίποτα κατά των ομοφυλόφιλων, αλλά δεν είμαι ομοφυλόφιλος, αυτός ο τύπος στο σπίτι μου είναι φιλοξενούμενος, θα φύγει σύντομα, ίσως και σήμερα, μου αρέσουν οι γυναίκες, είμαι με μια όμορφη κοπέλα και όλα πάνε καταπληκτικά μεταξύ μας.»

«Ναι, εντάξει... εξάλλου μπορείτε να κάνετε ό,τι θέλετε.»

«Ακριβώς... γι' αυτό ήθελα να το ξεκαθαρίσω...»

«Όμως αυτή την κοπέλα δεν την έχω δει ποτέ.»

«Δεν την έχετε δει, γιατί δεν έρχεται συχνά εδώ, συναντιόμαστε έξω και για ορισμένα πράγματα πηγαίνουμε στο δικό της σπίτι που είναι πιο άνετο... Εντάξει;»

Ήταν ψέμα, εκείνη την εποχή δεν ήμουν με καμία γυναίκα, αλλά για να πούμε τη μαύρη αλήθεια, κάποιες φορές είναι απαραίτητο να λες ψέματα. Η κυρία Ατιλία μου έκλεινε ακόμα το μάτι.

«Τέλος πάντων κύριε Κάρλο, εγώ δε θα είχα κανένα πρόβλημα, με πιστεύετε; Ο καθένας ζει όπως θέλει και μπορεί, έτσι δεν είναι;»

«Συγχωρέστε με εάν επιμένω, ας αφήσουμε το *τέλος πάντων* και το *ο καθένας*, πώς πρέπει να σας το πω; Δεν είμαι ομοφυλόφιλος, μου κάνετε τη χάρη να το πιστέψετε; Δεν - εί-μαι-ο-μο-φυ-λό-φι-λος... καταλάβατε;»

«Μα και βέβαια, μην ταράζεστε.»

«Δεν ταράζομαι, απλώς θέλω να το ξεκαθαρίσω, καλά δεν κάνω; Εάν σας έλεγαν ότι είστε Αφρικάνα, τι θα κάνατε;»

«Τι λέτε; Δεν είμαι σε καμιά περίπτωση Αφρικάνα!»

«Ακριβώς... Το ξέρω πολύ καλά...»

«Αυτό μας έλειπε.»

«Απλώς το είπα, για να σας δώσω να καταλάβετε...»

«Εγώ Αφρικάνα; Πλάκα μου κάνετε;»

«Ακριβώς, λέω, εάν σας έλεγα...»

Το κουδούνι της κυρίας Ατιλία χτύπησε κάνοντας μια μακριά και ενοχλητική τρίλια, διακόπτοντας την ανώφελη συζήτησή μας, για την οποία αργότερα θα μετάνιωνα. Η κυρία Ατιλία άνοιξε την κυρία είσοδο και στην πόρτα εμφανίστηκε ένας τεράστιος άντρας μ' ένα παλτό που έφτανε ως τους αστραγάλους του. Είχε τα χέρια του στις τσέπες και το πρόσωπό του ήταν σκοτεινό και καταθλιπτικό. Η κυρία Ατιλία με τράβηξε απ' το μανίκι.

«Είναι ο αστυνομικός που σας έλεγα, ονομάζεται Σκουάρτσι... Γεια σας κύριε αστυνόμε.»

Ο άντρας προχώρησε με μια θλιμμένη έκφραση στο πρόσωπό του.

«Αυτός ο κύριος είναι ένοικος της πολυκατοικίας;»

«Είναι ο κύριος Βικαρέλι του τετάρτου.»

Ο αστυνομικός συστήθηκε, σφίγγοντάς μου γερά το χέρι, μετά ζήτησε συγνώμη απ' την κυρία Ατιλία και με κάλεσε να τον ακολουθήσω. Βγήκαμε στο δρόμο.

«Λοιπόν, ο κύριος Τσικαρέλι...»

«Βικαρέλι.»

«... θα γνωρίζετε ήδη για τη δολοφονία που έγινε απόψε.»

«Ακριβώς αυτό συζητούσαμε με την κυρία Ατιλία.»

«Σας χτύπησα το κουδούνι γύρω στις 8, αλλά μάλλον κοιμόσασταν ακόμα.»

Ντρεπόμουν να παραδεχτώ ότι κοιμόμουν μέχρι εκείνη την ώρα, δεν ξέρω γιατί.

«Α, εσείς ήσασταν! Λυπάμαι, έκανα μπάνιο.»

«Και απόψε απ' τις 4 μέχρι τις 5 πού ήσασταν;»

«Κοιμόμουν.»

«Εδώ στο σπίτι σας;»

«Φυσικά.»

«Μήπως ακούσατε ή είδατε κάτι εκείνη την ώρα;»

«Δυστυχώς όχι, κοιμόμουν, δεν άκουσα τίποτα.»

Ο αστυνομικός έξυσε το κεφάλι του και με κάρφωσε με τα δυο μικρά, χαιρέκακα μάτια του.

«Γνωρίζατε την ηλικιωμένη;»

«Εννοείτε αυτήν που πέθανε;»

«Ναι, αυτήν.»

«Δεν ξέρω, την έβλεπα να περνάει...»

«Είχατε πάει ποτέ στο σπίτι της;»

«Ποτέ, σας το 'πα, την ήξερα μόνο εξ όψεως.»

«Ξέρετε κύριε Βινιαρέλι...»

«Βικαρέλι.»

«... έχουμε τη μαρτυρία μιας γυναίκας που μένει ακριβώς μπροστά, στη γωνία της οδού Ροντινέλα. Υποφέρει από αϋπνίες και περνάει κάποιες ώρες τη νύχτα στο παράθυρο. Γύρω στις 5 είδε κάποιον να μπαίνει στην πολυκατοικία σας... Δε σημαίνει ότι ήταν σίγουρα ο δολοφόνος, αλλά δε θα πρέπει να παραβλέψουμε και τις διάφορες ενδείξεις, δε νομίζετε κι εσείς;»

«Πολύ σωστά, αλλά εγώ δε βγήκα έξω.»

«Μένετε μόνος σας;»

Τη φοβόμουν αυτή την ερώτηση. Για να μη δημιουργήσω γύρω απ' το πρόσωπό μου οποιοδήποτε ίχνος υποψίας, έπρεπε να απαντήσω γρήγορα και σωστά. Στο μυαλό μου στριφογύριζαν διάφορες απαντήσεις, αλλά τελικά από φόβο μήπως διαλέξω τη χειρότερη επέλεξα την αλήθεια.

«Συνήθως ναι, αλλά αυτές τις μέρες έχω ένα φιλοξενούμενο.»

«Κάποιο συγγενή σας;»

«Ένα φίλο.»

«Θα ήθελα να του μιλήσω, μπορείτε να με συνοδεύσετε;»

«Φυσικά..., αλλά ο φίλος μου πρέπει να είναι ακόμα στο κρεβάτι.»

«Α, ναι; Άργησε να γυρίσει χθες;»

«Δεν ξέρω, κοιμόμουν.»

«Θα μας το πει ο ίδιος. Πάμε;»

Αρχίσαμε ν' ανεβαίνουμε τις σκάλες. Εγώ προηγήθηκα, για να μη δει ότι με είχε λούσει κρύος ιδρώτας. Μπήκαμε στο σπίτι και βρήκαμε τον Φρεντ ξαπλωμένο στον καναπέ να παίρνει το πρωινό του. Φορούσε κάτι γαλάζιες πιτζάμες με ελεφαντάκια κι ήταν φοβερά αχτένιστος. Πίεσα πολύ τον εαυτό μου, για να σκάσω ένα μισό, μίζερο χαμόγελο.

«Καλημέρα Φρεντ, ο αστυνόμος θα ήθελε να σου κάνει κάποιες ερωτήσεις.»

Ο Φρεντ κατέβασε αμέσως τα πόδια του από τον καναπέ και έδειξε σαστισμένος με το δάχτυλό του το στήθος του.

«Σε μένα;»

Ο αστυνομικός με αργά βήματα πήγε και στάθηκε μπροστά του σκεπτικός και τον κοίταξε σαν να προσπαθούσε με μια ματιά να τον ψυχολογήσει.

«Στη διπλανή πολυκατοικία έγινε μια δολοφονία, απόψε, μια ηλικιωμένη... Ο δολοφόνος μάλιστα δεν παρέλειψε να κλέψει και τα κοσμήματά της.»

«Για δες!»

«Εσείς πού ήσασταν απ' τις 4 μέχρι τις 5;»

«Πραγματική δολοφονία; Με νεκρό και όλα τα σχετικά;»

«Εσείς πού ήσασταν;»

Ο Φρεντ στράφηκε προς το μέρος μου.

«Πήγαμε για ύπνο γύρω στις 2. Έτσι δεν είναι Κάρλο;»

Κούνησα καταφατικά το κεφάλι μου, εντελώς μηχανικά. Είχα παραλύσει. Ο αστυνομικός έκανε δύο άσκοπα βήματα στο δωμάτιο, κοιτάζοντας τριγύρω ερευνητικά. Συνέχισε ν' απευθύνεται στον Φρεντ.

«Δεν ακούσατε τίποτα; Κάποιο θόρυβο... κάποια στριγκλιά ίσως;»

«Τίποτα, αστυνόμε μου, κοιμόμουν σαν πουλάκι.»

Έλεγε ψέματα, το ήξερα καλά. Είχε βγει έξω μέσα στη νύχτα χτυπώντας μάλιστα πίσω του δυνατά την πόρτα. Η κυρία Ατιλία τον είχε ακούσει να κατεβαίνει τις σκάλες. Ίσως και κάποιος άλλος από την πολυκατοικία να είχε ακούσει θορύβους, και αργά ή γρήγορα θα έβγαιναν όλα στη φόρα. Ο αστυνομικός σίγουρα θα ξαναγυρνούσε, για να ζητήσει εξηγήσεις. Απ' όσο με ξέρω, είμαι πολύ δειλός. Μόνο με την ιδέα ότι κρύβω τη νυχτερινή εξόρμηση του Φρεντ θα μπέρδευα τα λόγια μου, και στο τέλος ίσως να υποπτευόταν εμένα. Έτσι όπως είχαν έρθει τα πράγματα, αν τους έλεγα αυτή τη στιγμή ότι ο ένοικός μου είχε βγει μες στη νύχτα, κανένας δε θα με πίστευε. Γιατί δεν το είχα πει απ' την αρχή; Γιατί χωρίς κανένα λόγο υπερασπιζόμουν έναν άγνωστο; Τώρα πια ήταν αργά. Δεν μπορούσα να κάνω πίσω, θα υποπτευόταν κι εμένα. Έτρεμαν τα πόδια μου από φόβο και οργή. Προσπάθησα να αποτιμήσω τον ατελείωτο κατάλογο των δικαστικών σφαλμάτων. Εάν ήταν αλήθεια αυτό που έλεγαν, ότι σ' αυτές τις περιπτώσεις η εμφάνιση έπαιζε βασικό ρόλο, την είχα πατήσει. Αντιθέτως, ο Φρεντ όχι. Ο Φρεντ είχε μια τελείως ξεδιάντροπη φάτσα, ικανή να δεχτεί τις πιο απίθανες σφαλιάρες. Εκείνος θα κέρδιζε κι εγώ θα έχανα.

Αυτά σκεφτόμουν κι άρχισε να μου ανεβαίνει το αίμα στο κεφάλι. Για να μη φανεί ότι είχα κιτρινίσει, γύρισα από την άλλη μεριά το πρόσωπό μου κι άρχισα να τρίβω τα μάγουλά μου, να κοκκινίσουν. Ο αστυνομικός έριξε μια εξεταστική ματιά στο μισό καθιστικό.

«Ποια είναι η πόρτα του υπνοδωματίου σας;»

Ο Φρεντ έδειξε την πόρτα του δικού του δωματίου.

«Αυτή είναι, την έβαψα εγώ ο ίδιος χθες.»

Κοκκίνισα ολόκληρος.

«Προφανώς ο καθένας έχει το δικό του δωμάτιο, αστυνόμε... Το δικό μου είναι από κει.»

Ο αστυνομικός γέλασε κάτω απ' το μουστάκι του και σήκωσε αδιάφορα τους ώμους του.

«Πού και πώς κοιμάστε είναι δικό σας θέμα.» Περπατώντας αργά και σταθερά πήγε κι έριξε μια ματιά στο δωμάτιο του Φρεντ, μετά στο δικό μου, και γύρισε πίσω. «Ωστόσο, το παράθυρο αυτού του διαμερίσματος βλέπει στην πολυκατοικία της ηλικιωμένης. ΄Εμενε στον τέταρτο όροφο, όπως κι εσείς».

Πλησίασε στο παράθυρο και τράβηξε την κουρτίνα, μετά μου έκανε σήμα με το χέρι του.

«Βλέπετε Πικαρέλι...»

«Βικαρέλι.»

«Ελάτε να δείτε.»

Πλησίασα. Ο Σκουάρτσι μου έδειξε ένα τεράστιο, ανοιχτό παράθυρο.

«Το δωμάτιο της ηλικιωμένης.»

Φαίνονταν καθαρά αστυνομικοί με πολιτικά, που επιθεωρούσαν το χώρο, έπαιρναν αποτυπώματα, έγραφαν στα σημειωματάριά τους. Ο αστυνομικός κούνησε το κεφάλι του.

«Από δω φαίνεται ανετότατα το εσωτερικό του διαμερίσματος.»

«Όχι μόνο από δω ...φαντάζομαι», και έδειξα προς τα πάνω και προς τα κάτω.

«Όχι, το έλεγξα καλά. Από τον πάνω όροφο φαίνεται μόνο ένα τμήμα του πατώματος και από τον κάτω μόνο η σοφίτα. Το καλύτερο σημείο είναι αυτό εδώ, ο τέταρτος όροφος.»

«Και το διπλανό δωμάτιο;»

«Έχει μια τελείως διαφορετική οπτική... Αλλά αυτό δε σημαίνει ότι αυτός που σκότωσε την ηλικιωμένη πρέπει αναγκαστικά να μένει σ' αυτό το σπίτι. Αυτό που λέω είναι απλώς ότι ο δολοφόνος ήξερε καλά πού να βάλει το χεράκι του, πήγε με σκοπό να πάρει τα κοσμήματα απ' αυτή την μπιζουτιέρα εκεί, τη βλέπετε;»

Μου έδειξε την μπιζουτιέρα. Εγώ υπέμενα καρτερικά την ταλαιπωρία παρά την κούρασή μου και προσπαθούσα να αποφύγω τις πολύ βαθιές και κοπιαστικές ανάσες. Ο Σκουάρτσι άφησε την κουρτίνα να πέσει.

«Ο δολοφόνος δεν πήρε τίποτ' άλλο, λες και ήξερε πού ήταν τα κοσμήματα. Βέβαια θα μπορούσε να το ξέρει και με κάποιον άλλο τρόπο, αν και...»

Δε συνέχισε, έριξε απλώς άλλη μια ματιά απ' το παράθυρο, σκεπτικός.

Ο Φρεντ είχε μείνει ξαπλωμένος και έπινε γουλιά γουλιά το τσάι του, σε μια τελείως γυναικεία στάση. Απλώς τον μισούσα. Ο αστυνομικός άλλαξε έκφραση.

«Τα χαρτιά σας.»

Πήγαμε να τα φέρουμε και του τα αφήσαμε στο χέρι, εγώ σχεδόν αμέσως, ο Φρεντ έκανε λίγη ώρα, κι όχι μόνο αυτό, αλλά το δίπλωμα της οδήγησής του ήταν φριχτά βρόμικο, σαν να το είχε αφήσει για καιρό μέσα σε κανένα κοτέτσι. Σου έδινε την εντύπωση ότι είχε πάνω του όλες τις αρρώστιες του κόσμου. Το έδωσε στον Σκουάρτσι σιγοτραγουδώντας, γεγονός που, απ' ότι φάνηκε, εκνεύρισε ιδιαιτέρως τον αστυνομικό. Η ατμόσφαιρα που επικρατούσε ήταν αρκετά δυσάρεστη, με τον Φρεντ να χαζοτραγουδάει, χορεύοντας αδέξια με τις πιτζάμες του, ενώ πήγαινε απ' το μπάνιο στο καθιστικό μασουλώντας, και κάθε τόσο ρευόταν δυνατά λες και δεν είχε συνειδητοποιήσει τι γινόταν. Είχα ανάψει απ' το θυμό μου. Ήταν πραγματικά κρίμα κι άδικο που ο νόμος μάς απαγόρευε να σκοτώνουμε τους συνανθρώπους μας. Απεχθές ον! Και τι δε θα 'δινα, για να τον δω να εξαφανίζεται απ' τη ζωή μου.

Ο αστυνομικός άρχισε να διαβάζει τα στοιχεία μας, σκυθρωπός, φανερά ενοχλημένος απ' το ηλίθιο τραγουδάκι του Φρεντ, που συνέχιζε να το σιγομουρμουράει, σαν τις νοικοκυρές όταν τινάζουν τα χαλιά. Ένας ηλίθιος, μονότονος και ενοχλητικός σκοπός. Δεν καταλάβαινα γιατί στο διάολο έπρεπε να τραγουδάει τέτοια ώρα. Στην ουσία δεν ήταν τίποτα σημαντικό, αλλά στη συγκεκριμένη περίπτωση ήταν και φοβερά παράλογο. Εγώ δε θα το 'κανα ποτέ.

Ο Σκουάρτσι σήκωσε το βλέμμα του απ' τα χαρτιά, κοίταξε τον Φρεντ μ' ένα κοφτερό βλέμμα, μετά κοίταξε εμένα μ' ένα βλέμμα θλιμμένο και ανικανοποίητο. Είχα κοκαλώσει, και δεν έβγαλα άχνα. Προσπάθησα να καταλάβω τι σκεφτόταν, αλλά τα μάτια του ήταν ανεξιχνίαστα. Ακολούθησαν ακόμα μερικά δευτερόλεπτα σιωπής, μια ανυπόφορη σιωπή, τουλάχιστον για μένα, και χωρίς να ξέρω τι άλλο να κάνω, άρχισα να ασχολούμαι με τα νύχια μου... Δεν άντεχα άλλο. Μου ξέφυγε κι ένα ηλίθιο χαχανητό, κοκκίνισα μέχρι τ' αυτιά. Κάποια στιγμή, επιτέλους, ο αστυνομικός έβγαλε έναν αναστεναγμό σαν να 'θελε να σημάνει το τέλος της ατέλειωτης αναμονής, ενώ έβαζε τα χαρτιά μας στην τσέπη του.

«Θα τ' αφήσω στο γραμματοκιβώτιο.»

«Το δικό μου είναι αυτό που δεν έχει όνομα.»

Ήθελα απλώς να είμαι ευγενικός. Ο Σκουάρτσι άναψε ένα τσιγάρο κι έριξε το καμένο σπίρτο σ' ένα άπλυτο πιάτο.

«Το πρόσεξα.»

Έριξε μια τελευταία ματιά στον Φρεντ, και μετά μας γύρισε την πλάτη του και περπάτησε προς την έξοδο, ελαφρώς αηδιασμένος απ' όλα αυτά που έβλεπε. Κοντοστάθηκε στην πόρτα.

«Με σας για την ώρα τελείωσα. Αν θυμηθείτε τίποτ' άλλο καινούργιο...»

Ο Φρεντ τον χαιρέτησε κουνώντας το χέρι πάνω απ' το κεφάλι του, ακριβώς όπως κάνουν οι αδερφές. Ως εδώ ήταν, είχα φτάσει στα όριά μου. Έγινα ακόμα πιο έξαλλος και ακολούθησα τον αστυνόμο στο πλατύσκαλο. Εκείνος γύρισε έκπληκτος.

«Θέλετε να μου πείτε κάτι;»

«Μόνο μια διευκρίνιση, κύριε αστυνόμε...»

«Πείτε μου.»

«Θα ήθελα να σας πω... δεν είμαι ομοφυλόφιλος.»

Με κοίταξε μ' έναν περίεργο τρόπο, σαν να 'θελε να καταλάβει αν έκρυβα κάτι.

«Δεν το σκέφτηκα ποτέ.»

«Α, ωραία, λοιπόν συγνώμη.»

Με κοίταξε ερευνητικά, παραξενεμένος, αλλά ίσως και λίγο διασκεδάζοντας. Μετά κατέβηκε τις σκάλες με αργά βήματα, και σήκωσε το χέρι του στον αέρα.

«Να 'σαι καλά, Τσικαρέλι.»

«Φυσικά.»

Γύρισα σπίτι έξω φρενών. Ο Φρεντ είχε οικειοποιηθεί το μπάνιο, αφήνοντας τα υπόλοιπα του πρωινού του σκορπισμένα πάνω στο τραπέζι. Του χτύπησα με μανία την πόρτα.

«Μπορείτε να μου εξηγήσετε προς τι όλα αυτά τα νάζια, γαμώτο! Φέρεστε σαν να είμαστε ζευγάρι.»

Άκουσα το νερό του ντους να κλείνει, την πόρτα να ξεκλειδώνει αργά, σαν όστρακο που ανοίγει διστακτικά, και να σου, εμφανίζεται ο Φρεντ. Είχε μια πετσέτα στο κεφάλι του, όσο για το υπόλοιπο... ήταν θεόγυμνος.

«Ε, Κάρλο, δεν πιστεύω να είσαι απ' αυτούς που μισούν τους ομοφυλόφιλους, ε;»

«Τι είναι αυτά που λέτε τώρα; Απλά δε θέλω να νομίζουν ότι είμαι κάτι άλλο απ' αυτό που είμαι, αυτό είναι όλο. Σας φαίνεται περίεργο;»

«Χθες μου μιλούσες στον ενικό ή κάνω λάθος;»

«΄Ημουν μεθυσμένος.»

«Ε, λοιπόν, σε συμβουλεύω να πίνεις πιο συχνά, γιατί χθες ήσουν πολύ πιο ευγενικός.» ΄Εσπρωξα την πόρτα με μια κλοτσιά και προχώρησα χωρίς να ξέρω ακόμα αν του είχα ρίξει χαστούκι ή μπουνιά.

Ο Φρεντ κατάλαβε τα νεύρα μου κι ότι δε θα την έβγαζε καθαρή και σήκωσε τα χέρια του σαν να παραδίνεται, τουλάχιστον αυτό σκέφτηκα στην αρχή, όμως εκείνος είπε:

«Δεν ξέρω ποιες είναι οι προθέσεις σου, αλλά πρέπει να σε προειδοποιήσω ότι έχω μαύρη ζώνη, και δεν θα 'θελα να σε κάνω να πονέσεις.»

Τον κοίταξα καλά, έτσι γυμνός δεν άξιζε μία, αλλά δεν ήθελα να το ρισκάρω, δεν είχα καμία διάθεση να καταλήξουμε με σπασμένες μύτες και κρανιοεγκεφαλικά χτυπήματα, ειδικά αν όλα αυτά τα πάθαινα εγώ. Πήγα κι έκατσα στο καπάκι της λεκάνης, ανασαίνοντας βαριά σαν άρρωστος.

«Τέλος πάντων, αυτή η ιστορία πρέπει να τελειώνει.»

Εκείνος χαμήλωσε το βλέμμα του.

«Ποια ιστορία;»

«Δεν έχω καμία διάθεση να χάσω το χρόνο μου με το ν' ασχολούμαι με κάτι που δεν τραβάει και να τσακώνομαι με κάποιον που δεν ξέρω. Διαισθάνομαι ότι θα μου βγει σε κακό, δεν μπορώ να επιτρέψω στον εαυτό μου να χάνει όλο αυτόν το χρόνο. Με περιμένει πολλή δουλειά... Τέλος πάντων, πρέπει να φύγετε.»

Ο Φρεντ έφτιαχνε τα μαλλιά του μπροστά στον καθρέφτη και χαμογέλασε, ενώ τα γεννητικά του όργανα ακουμπούσαν στο νιπτήρα.

«Έλα, Κάρλο, ηρέμησε, μην κάνεις τραγικά τα πράγματα. Κατά βάθος εμείς οι δύο τα βρίσκουμε, έτσι δεν είναι;»

«Όχι, δεν είναι έτσι!»

«Ίσως είσαι λίγο πιεσμένος και δεν το 'χεις συνειδητοποιήσει, αλλά σε διαβεβαιώ ότι εμείς οι δύο...»

«Μπορείτε να τελειώνετε μ' αυτές τις μαλακίες; Κι απόψε πού ήσασταν; Σας άκουσα που φεύγατε, δεν το είπα στον αστυνόμο, αλλά εάν δεν μου δώσετε τώρα μια πειστική εξήγηση, θα του το πω.»

Ήμουν φοβερά νευριασμένος, σκεφτόμουν ότι ίσως να είχε δίκιο ο Φρεντ, έπρεπε να ηρεμήσω... Γαμώτο μου! Αν είναι δυνατόν! Του έδινα δίκιο! Εκείνος πήγε πάλι κάτω απ' το ντους κι άνοιξε το νερό. Με δυνατή φωνή, για ν' ακούγεται, συνέχισε.

«Βγήκα για να περπατήσω λίγο πλάι στη λίμνη Λουνγκάρνο, γιατί δε μ' έπαιρνε ο ύπνος. Με χαλαρώνει να κοιτάζω το νερό τη νύχτα, εσένα όχι;»

«Θα μπορούσατε να το πείτε!»

«Στον αστυνόμο; Προτιμώ να το αποφύγω. Δε θέλω μπλεξίματα... Ξέρεις τώρα πώς είναι οι μπάτσοι, ε;»

«Όχι, πώς είναι;»

«Γι' αυτούς όλοι είμαστε ένοχοι μέχρι αποδείξεως του εναντίου και κάθε σύμπτωση αποτελεί απόδειξη.»

Στάθηκα μπροστά στην ντουζιέρα, ενώ ο Φρεντ σαπούνιζε τις μασχάλες του. Αισθανόμουν πιο ήρεμος τώρα, και του έκανα μία ανόητη ερώτηση.

«Φρεντ, μου ορκίζεστε ότι δε σκοτώσατε εσείς αυτή την ηλικιωμένη;»

«Όχι, δε σ' το ορκίζομαι, Κάρλο, αλλά σου δίνω το λόγο της τιμής μου, δεν ήμουν εγώ αυτός που τη στραγγάλισε.»

Αισθάνθηκα μια ανατριχίλα να διαπερνάει την πλάτη μου.

«Πού ξέρετε ότι τη στραγγάλισαν;»

«Είπα ότι τη στραγγάλισαν; Δεν το κατάλαβα.»

«Πού το ξέρετε;»

«Μπορεί να το είπε ο αστυνόμος.»

«Όχι, όσο ήταν εδώ δεν το είπε... Πού το ξέρετε;»

Μου ήρθε μια ζαλάδα και στηρίχτηκα στον τοίχο. Ο Φρεντ γελούσε.

«Ιδού μια κλασική περίπτωση σύμπτωσης, μια λέξη επιπλέον και παφ! Όλα αλλάζουν! Υπάρχουν άνθρωποι που έχουν περάσει όλη τους τη ζωή στη φυλακή για κάτι τέτοια. Ανατριχιαστικό, ε;»

«Φρεντ, σας παρακαλώ, προσπαθείστε να με πείσετε ότι δεν ήσασταν εσείς, βρείτε κάποιον τρόπο να μου το βγάλετε απ' το μυαλό, γιατί προς το παρόν είμαι σίγουρος για την ενοχή σας.»

Ο Φρεντ βγήκε από το μπάνιο, ήρεμος, κι άρχισε να σκουπίζεται μ' αυτόν τον παράξενο δικό του τρόπο, λες κι ήταν σολίστ σε μπαλέτο.

«Έλα τώρα, φαντάζεσαι το φιλαράκι σου τον Φρεντ να στραγγαλίζει μια ηλικιωμένη, για να της πάρει τα κοσμήματα;»

«Τον φαντάζομαι και μάλιστα πολύ καλά, και δεν είμαι φίλος σας! Το μόνο που θέλω είναι να ξαναβρώ την ησυχία μου.»

«Μια λογική απάντηση, που όμως μπορεί να είναι και μια εκδήλωση υπερβολικού εγωισμού, έτσι δεν είναι;»

Ο Φρεντ δεν περίμενε να του απαντήσω. Κατευθύνθηκε προς το δωμάτιό του κι εγώ τον ακολούθησα. Γι' άλλη μια φορά ένιωσα τη σφοδρή επιθυμία να τον πετάξω απ' τις σκάλες.

«Ακούστε Φρεντ, δε σας πιστεύω με τίποτα, αλλά σας δίνω δύο ώρες διορία, για να φύγετε από δω.»

Εκείνος έβαζε το σώβρακό του όρθιος στο κρεβάτι. Απ'

τα λουσμένα μαλλιά του έπεφταν ακόμα σταγόνες νερού στο πάτωμα.

«Δε βλέπω το λόγο.»

«Πώς κι έτσι;»

«Κι επιπλέον είναι αδύνατον, πίστεψέ με, αλλά δε θα κάτσω πολύ ακόμα... Άκου, κανόνισε να μου εξοφλήσεις τις διακόσιες χιλιάδες λιρέτες. Θέλω να κάνω κάτι ψώνια.»

«Όπως;»

«Προφυλακτικά. Έχω ραντεβού με μια κοπέλα, αλλά πρώτα λέω να την πάω για φαγητό.»

«Α ναι, ε;»

Ηρέμησα. Και μόνο που ήξερα ότι θα έλειπε όλη τη μέρα, ίσως κι όλη τη νύχτα, και μόνο η σκέψη με χαροποιούσε ιδιαίτερα. Θα μπορούσα επιτέλους να βρω τη χαμένη ηρεμία μου, για να δουλέψω με την ησυχία μου. Μπορούσα επιτέλους να αισθάνομαι ότι είμαι σπίτι μου. Ήμουν διατεθειμένος να κάνω τα πάντα, προκειμένου ν' απαλλαγώ απ' την παρουσία του.

Εκείνος φόρεσε κάτι απαίσιες κάλτσες με κάθετες ρίγες και μετά ξάπλωσε στη μέση του κρεβατιού σαν πόρνη.

«Μπορείς να μου δώσεις τα τσιγάρα μου σε παρακαλώ;... Τέλος πάντων δεν έχω πολλές απαιτήσεις, εκατό χιλιάδες φτάνουν.»

«Τι;»

«Τις άλλες εκατό μπορείς να μου τις δώσεις όποτε διευκολυνθείς, ακόμα και αύριο... Κοίτα καλύτερα, κάπου πρέπει να είναι κι ο αναπτήρας.»

«Και τα χρήματα του ενοικίου;»

«Προσπάθησε να είσαι υπομονετικός, θα σου τα δώσω την επόμενη εβδομάδα, οκέυ;»

«Δε σου φαίνεται πιο σωστό να κάνουμε ένα διακανονισμό;»

«Α, αν δεν μπορείς να μου τα δώσεις... Μηδέν λεφτά, μηδέν γυναίκες... C' est la vie! Δεν είναι όμως σωστό να έχω καλέσει την κοπελίτσα και τώρα να το ακυρώσω. Ίσως να καλέσω και το βαρόνο να πιει κάτι μαζί μας... Μα βέβαια!»

Έσφιξα τα δόντια μου. Και μόνο η ιδέα να μείνει ο Φρεντ στο σπίτι μού προκαλούσε ναυτία, αλλά και με το βαρόνο...

«Φτάνουν πενήντα;»

«Πραγματικά, Κάρλο, δεν μπορώ, κατάλαβέ με, θα βγω με γυναίκα, και οι γυναίκες κοστίζουν, θα πρέπει να το ξέρεις αυτό... Υπάρχει γραμματοκιβώτιο για μένα;»

«Όχι!»

«Και τα κλειδιά μου;»

«Δεν τα έφτιαξα ακόμα.»

«Υπομονή. Ο Φρεντ ξέρει να περιμένει.»

«Χριστέ μου!» Αυτός ο τρόπος που μιλούσε μου 'σπαγε τα νεύρα.

«Τι συμβαίνει; Έχεις νεύρα;» μου κάνει.

Δεν είχα πια το κουράγιο ν' απαντήσω. Έβγαλα απ' την τσέπη μου ένα χαρτονόμισμα των εκατό χιλιάδων λιρέτων και το ακούμπησα στο κομοδίνο. Απλώς πλήρωνα για μια μέρα ηρεμίας. Κι επιπλέον είχα ένα ωραίο βιβλίο μαροκινής κουζίνας που με περίμενε στο τραπέζι.

Τέσσερις τ' απόγευμα. Ο Φρεντ μόλις είχε φύγει, και ήδη τον είχα σχεδόν ξεχάσει. Το σπίτι ήταν εκπληκτικά ήσυχο. Έπλυνα μια στοίβα πιάτα, σκούπισα την κουζίνα και καθάρισα το μπάνιο. Σχεδόν υπνωτισμένος μετέφραζα τις τελευταίες σειρές ενός πικάντικου πιάτου με βάση τις μελιτζάνες. Άκουσα ένα χτύπημα και σκέφτηκα ότι ίσως ήταν κάποιος εργάτης απ' το διπλανό σπίτι. Μετά μου φάνηκε ότι οι χτύποι έρχονταν απ' το καθιστικό μου. Σηκώθηκα και συνειδητοποίησα ότι κάποιος μου χτυπούσε την πόρτα. Άνοιξα. Ήταν ένας άντρας. Έκανε ένα βήμα προς τα μπρος κι απρόσκλητος μπήκε μέσα. Είχε ένα πολύ κοινό πρόσωπο, ανέκφραστο, μια τσάντα στο ένα χέρι κι ένα χαρτί στο άλλο.

«Είστε ο κύριος Αλφρέντο Τορσόλι;»

«Ποιος; Όχι, κοιτάξτε, μάλλον λάθος κάνετε.»

Ο άντρας κοίταξε το χαρτί κι άρχισε να διαβάζει δυνατά, μ' έναν εχθρικό τόνο που μου την έδινε στα νεύρα.

«Οδός Μαράντι νούμερο 58, σκάλα Β, όροφος τέταρτος αριστερά... Εδώ δεν είναι;»

«Εδώ είναι, αλλά δεν καταλαβαίνω... Εσείς ποιος είστε;»

«Κύριος Μαρούγκι, δικαστικός κλητήρας, πρέπει να κάνω μια κατάσχεση για λογαριασμό του δήμου Βελέτρι.»

«Κι εγώ τι σχέση έχω μ' όλα αυτά;»

Ο άντρας δίπλωσε το χαρτί και το έβαλε με προσοχή στην

τσάντα του.

«Πρόστιμα που δεν έχουν πληρωθεί εδώ και χρόνια, το πρώτο πρόστιμο, μετά πρόστιμο πάνω στο πρόστιμο, χρεώσεις... με καταλαβαίνετε;»

«Ναι φυσικά, αλλά εγώ τι σχέση έχω; Σίγουρα έχει γίνει κάποιο λάθος.»

«Ένα ανόητο πρόστιμο για τριάντα χιλιάδες λιρέτες που κατέληξε να φτάσει στις τριακόσιες χιλιάδες λιρέτες.»

«Τριακόσιες χιλιάδες;»

«Τα πρόστιμα πρέπει να πληρώνονται άμεσα. Θα ήταν το καλύτερο για όλους μας, έτσι δεν είναι;»

«Σύμφωνοι, αλλά σας επαναλαμβάνω, εγώ τι σχέση έχω μ' όλα αυτά, ούτε καν ξέρω πού είναι το Βελέτρι.»

Ο κλητήρας κούνησε το κεφάλι του, σαν να σκεφτόταν κάτι άλλο, μετά έβγαλε μια χτένα απ' την τσέπη του και χτένισε τα μαλλιά του με μια γρήγορη κίνηση.

«Μένετε μόνος σας;»

«Ναι, δηλαδή όχι... αυτές τις μέρες έχω κι ένα φίλο.»

«Ποιο είναι τ' όνομά του;»

«Δεν ξέρω, εγώ τον λέω Φρεντ.»

«Ναι, αυτός είναι, Αλφρέντο Τορσόλι.»

Ξαφνικά το συνειδητοποίησα: Αλφρέντο... Αλ-φρέντ-... Θεέ μου! Ήταν πραγματικά αυτός.

«Κοιτάξτε, ό,τι υπάρχει σ' αυτό το σπίτι μού ανήκει.»

Ο Μαρούγκι μειδίασε ειρωνικά.

«Αυτό το λέτε εσείς.»

«Τι εννοείτε;»

«Πού είναι το δωμάτιο του κυρίου Τορσόλι;»

«Αυτό είναι, αλλά ακόμα κι εδώ όλα είναι δικά μου, εκτός από κάποια ρούχα. Εκείνος δεν έχει τίποτ' άλλο δικό του εδώ μέσα.»

Ο Μαρούγκι προχώρησε μέχρι την πόρτα του Φρεντ, γύρισε το πόμολο, αλλά ήταν κλειδωμένη, έξυσε το κεφάλι του, γύρισε προς το μέρος μου και με προσπέρασε, κοιτάζοντας ερευνητικά το καθιστικό.

«Αυτή η τηλεόραση μπορεί να φύγει.»

Πήγα αμέσως και στάθηκα μπροστά στην τηλεόρασή μου είκοσι ιντσών, που την είχα πληρώσει με δόσεις.

«Δεν κατάλαβα! Ποια τηλεόραση; Αυτή είναι δικιά μου, κι όλα εδώ μέσα είναι δικά μου!»

Ο Μαρούγκι δε φάνηκε να συγχύζεται, κάθισε στην πολυθρόνα, έβαλε την τσάντα στα γόνατά του, την άνοιξε, την ψαχούλεψε λίγο και μετά έβγαλε ένα κινητό, σχημάτισε ένα νούμερο και περίμενε στη γραμμή κοιτάζοντας το αραχνιασμένο ταβάνι.

«Ναι; Γκουλιέλμι; Εγώ είμαι, ο Μαρούγκι... Ναι, υπάρχει ένα μικρό πρόβλημα, πες στον Ποκόνι ν' ανέβει... Ναι, αμέσως... Εντάξει, περιμένω... γεια.»

«Ποιος θ' ανέβει;»

«Ο Ποκόνι.»

«Και ποιος είναι αυτός;»

«Τελωνοφύλακας.»

«Για τι πράγμα; Κοιτάξτε, εδώ δεν πρόκειται ν' αγγίξει κανείς τίποτα.»

«Λογικευτείτε, μη μας αναγκάσετε να χρησιμοποιήσουμε βία.»

«Μα καλά, όλοι τρελοί είστε; Τι σχέση έχω εγώ μ' όλα αυτά;»

«Πείτε μου, πόσον καιρό μένει εδώ ο κύριος Τορσόλι;»

«Δύο μέρες, να τον πάρει ο διάολος!»

«Κάνατε την απαραίτητη αναφορά στο αστυνομικό τμήμα της περιοχής, ξέρετε, αυτή που γίνεται στα πλαίσια του αντιτρομοκρατικού νόμου;»

«Όχι, δεν ήξερα ότι... Ποια αναφορά;»

«Έχετε ακόμα σαράντα οχτώ ώρες διορία. Γνωρίζετε ότι αν δεν κάνετε την απαραίτητη αναφορά έγκαιρα, προβλέπεται να πληρώσετε πρόστιμο της τάξεως του ενός εκατομμυρίου;»

«Ένα εκατομμύριο;»

Ο Μαρούγκι με κοίταξε επίμονα στα μάτια.

«Παίρνετε κάποιο ενοίκιο απ' τον κύριο Τορσόλι;»

«Δε μου έχει δώσει τίποτα! Έτσι κι αλλιώς θα φύγει σε μερικές μέρες.»

«Να προσέχετε. Για τους φοροφυγάδες ισχύουν πολύ αυστηρά πρόστιμα, δε ζούμε στον παράδεισο, αγαπητέ μου. Αυτό το σπίτι είναι δικό σας;»

«Ναι, γιατί;»

«Πώς το αποκτήσατε;»

«Μου το άφησε ο πατέρας μου.»

«Α ναι, βέβαια.»

Χτύπησαν την πόρτα, ο κλητήρας σηκώθηκε με μια απίστευτη σβελτάδα και πήγε ν' ανοίξει.

«Πρέπει να είναι ο Ποκόνι.»

Ναι, ήταν ο Ποκόνι. Δεν ήταν απλώς ένας τελωνοφύλακας, ήταν ένα τεράστιο κομμάτι κρέας με δύο αγελαδίσια, αλλήθωρα μάτια. Προχώρησε με τα χέρια του ψηλά, ανοιχτά στον αέρα.

«Λοιπόν, τι πρόβλημα έχουμε εδώ;»

Ο Μαρούγκι μ' έδειξε, αναστενάζοντας από αγανάκτηση.

«Ο κύριος από δω δε μας αφήνει να κατάσχουμε την τηλεόραση.»

Ο Ποκόνι προχώρησε προς την είκοσι ιντσών τηλεόρασή μου, με προσπέρασε μ' αυτό το αφηρημένο βλέμμα του, με χτύπησε στο πλάι λες και ήμουν κουτάκι μπίρας, έβγαλε τα καλώδια και πήρε στα χέρια του την τηλεόραση. Προχωρώντας βιαστικά προς την πόρτα, έκανε σήμα με το πιγούνι του στον Μαρούγκι.

«Τα λέμε κάτω.»

«Έρχομαι αμέσως.»

Είχα την εντύπωση ότι ζούσα έναν εφιάλτη. Έβλεπα μπροστά μου τον Φρεντ με τα σώβρακα, ξαπλωμένο στο κρεβάτι κι ονειρευόμουν ότι τον έπνιγα μ' ένα μαξιλάρι. Ο Μαρούγκι έβγαλε πάλι το χαρτί απ' την τσάντα του και το ακούμπησε στο άδειο ράφι, εκεί όπου ήταν πριν η τηλεόραση και τώρα είχε απομείνει το σκονισμένο περίγραμμά της.

«Μια υπογραφούλα εδώ και τελειώσαμε.»

Άφησα τη μετάφραση και, προκειμένου να ηρεμήσω, έκανα ένα μεγάλο περίπατο στη γειτονιά, με το μυαλό μου κολλημένο στη λέξη εκδίκηση. Κάποια στιγμή συνειδητοποίησα ότι μιλούσα μόνος μου, γιατί ένα παιδάκι με κοίταζε έκπληκτο. Είχε παραγίνει η κατάσταση. Αυτό το ελεεινό ον έπρεπε να εξαφανιστεί απ' τη ζωή μου όσο το δυνατόν γρηγορότερα.

Κατά τις επτά γύρισα σπίτι. Σταμάτησα στο πλατύσκαλο, για να βρω τα κλειδιά μου, κι από μέσα άκουσα δυνατά γυναικεία γέλια. Μπήκα τρέμοντας από οργή. Ο Φρεντ γαργαλούσε μια ξανθούλα με μεγάλα μπλε μάτια, που την κράταγε ξαπλωμένη στον καναπέ. Σίγουρα δεν πρέπει να είχα καλή όψη, γιατί με το που με είδε άφησε μια κραυγή και αναπήδησε προς τα πίσω. Ο Φρεντ άπλωσε το χέρι του για να την αγκαλιάσει, χαϊδεύοντας τα λαχταριστά μπούτια της.

«Μη φοβάσαι, είναι ο Κάρλο, μένει κι αυτός εδώ, απλώς ξέχασα να σ' το πω», και την χάιδεψε αρκετά χαμηλά στην κοιλιά. Εκείνη κοκκίνισε και προσπάθησε να μου χαμογελάσει, αναπνέοντας έντονα απ' την έκπληξη. Μου έδωσε το χέρι της.

«Με λένε Σαντίνα.»

Ήταν πραγματικά αξιαγάπητη, μια γλύκα, με μαλλιά ανακατεμένα, ντροπαλή σαν παιδάκι, φορούσε μια λινή, ελαφριά φουστίτσα αρκετά κοντή και χαμηλά, κουκλίστικα παπουτσάκια. Προσπάθησα να πάρω καλύτερο ύφος, έτσι κι αλλιώς δεν είχα τίποτα μαζί της, με τον Φρεντ τα είχα. Της έσφιξα το μικρό χεράκι της, κι είχα την αίσθηση ότι θα μπορούσε να σπάσει, τα δάχτυλά της ήταν τόσο αδύναμα κι εύθραυστα.

«Είμαι ο Κάρλο.»

Εκείνη ξανακοκκίνισε. Μου προκαλούσε θλίψη μια τόσο γλυκιά κοπέλα να είναι μ' αυτό το κτήνος τον Φρεντ. Ήταν πραγματικά πάρα πολύ θλιβερό. Σκεφτόμουν να πάρω αυτό το λουλουδάκι λίγο πιο πέρα και να της πω τι κτήνος ήταν ο καλός της ο Φρεντ. Όμως ο Φρεντ με πρόλαβε και με τράβηξε στο δωμάτιό του. Μόλις που πρόλαβα ν' απευθυνθώ σ' αυτή την καημένη κοπελίτσα.

«Λυπάμαι, Σαντίνα, δεν ήξερα ότι ήσασταν στο σπίτι.»

Μπήκαμε στο λαχανί δωμάτιο και ο Φρεντ ακούμπησε στην πόρτα. Μου χαμογέλασε με φιλική διάθεση, πήρε μια μαλαγανίστικη έκφραση κι άρχισε να μιλάει ψιθυριστά.

«Λοιπόν Κάρλο, είδες τι γλυκό ποντικάκι βρήκα; Ξέρεις, την έφερα στο σπίτι γιατί στα εστιατόρια δεν υπάρχει αυτή η άνεση, είναι και πολύ ακριβά... Μάλλον θα κοιμηθεί εδώ, δεν έχεις πρόβλημα φαντάζομαι, ε; Τον κωλαράκο της τον είδες;»

Δεν ξέρω τι μ' έπιασε. Ξέχασα τις μαύρες ζώνες του, τον έπιασα απ' το γιακά και τον κόλλησα στον τοίχο, μιλώντας του μια και καλή στον ενικό.

«Ναι, είναι πολύ γλυκιά, Φρεντ, αλλά αν την πειράξεις, θα σου σπάσω τα μούτρα, έγινα κατανοητός;»

Εκείνος δεν αντέδρασε, σαν από συμπόνια. Ενώ τον είχα κολλήσει στον τοίχο, εκείνος μου χαμογελούσε ανοίγοντας ελαφρά τα μάτια του.

«Μα τι λες; Εγώ; Να κάνω κακό στη Σαντίνα; Εγώ μόνο καλό μπορώ να της κάνω.»

«Είσαι γουρούνι.»

Μιλούσαμε έντονα ψιθυριστά, ενώ μες την ησυχία ξεχώριζε το θρόισμα των σς και των φφ, όπως σε κάτι ταινίες με φυλακισμένους. Αντιθέτα από μένα, ο Φρεντ ήταν πολύ ήρεμος.

«Μα τι λες τώρα; Άκου γουρούνι!... Ρώτησέ την αν είμαι γουρούνι.»

Ο τρόπος του με ηρέμησε. Τον άφησα κι έκατσα στο κρεβάτι, παραμερίζοντας μια τσάντα κι ένα παλτό, και τα δύο εφηβικά. Ήμουν αηδιασμένος, συγχυσμένος κι επίσης κουρασμένος.

«Μην το κάνεις, Φρεντ, άφησέ την, αυτά τα πράγματα με αρρωσταίνουν, άσ' την ήσυχη, γύρισέ την στο σπίτι. Ένας τύπος σαν κι εσένα μπορεί να της καταστρέψει τη ζωή... Μα καλά τι, σκατά έχεις μέσα σου;»

Ο Φρεντ τέντωσε τα χέρια και ξέσπασε σε γέλια.

«Έλα τώρα, μην υπερβάλλεις, θα δεις ότι θα επιζήσει.»

Τίποτα. Ή πραγματικά δεν καταλάβαινε, ή προσποιόταν

ότι δεν καταλάβαινε, αλλά ένα και το αυτό ήταν. Μου ερχόταν ναυτία.

«Τι αηδία!»

«Τι αηδία, τι πράγμα;»

Σηκώθηκα όρθιος.

«Για το Θεό, Φρεντ! Είναι μια αφελής κοπελίτσα, δεν το βλέπεις; Έχει την ατυχία να διαθέτει ένα γυναικείο σώμα, αλλά στην ουσία είναι ακόμα μωρό.»

Εκείνος έκανε μια χειρονομία, σαν να 'θελε να δείξει ότι ήμουν τρελός.

«Μα τι μωρό; Είναι δεκαέξι ετών.»

«Τι; Μα είναι ανήλικη.»

«Και τι σημαίνει ανήλικη; Τι σημασία έχει η ηλικία;»

«Κι όμως έχει! Ρώτα τον αστυνόμο!»

Γέλασε.

«Άκου για να μάθεις, Κάρλο. Οι γυναίκες είναι γυναίκες, αυτό είναι... Είναι σαν τα φίδια. Από μικρές μοιάζουν αθώες κι ακίνδυνες, αλλά όταν μεγαλώνουν, μας πίνουν το αίμα.»

Ίσως ήταν και λόγω της κούρασής μου, αλλά ξαφνικά ένιωσα να με κυριεύει κατάθλιψη. Αφέθηκα πίσω στο κρεβάτι, προσπαθώντας να βρω κάτι άλλο να πω. Για να ηρεμήσω, χτένιζα συνέχεια τα μαλλιά μου με τα χέρια μου.

«Θεέ μου, Φρεντ! Είναι μόλις δεκαέξι ετών, πώς μπορείς να είσαι τόσο κυνικός; Οι γυναίκες γίνονται φίδια, επειδή βγαίνουν με κάτι σκατάδες σαν και σένα, σκέψου το κι αυτό.»

Ο Φρεντ κάθισε δίπλα μου με φιλική και κάπως συγκαταβατική διάθεση. Ήθελε να βάλει το χέρι του στην πλάτη μου, έτσι όπως κάνουν οι φίλοι. Εγώ έφυγα και το χέρι του έμεινε στον αέρα, σαν να περίμενε τη στιγμή να ξαναδοκιμάσει.

«Έλα Κάρλο, ας ετοιμάσουμε ένα δείπνο για τους τρεις μας... Τι λες; Πληρώνω εγώ. Έλα, άσε τα κατσουφιάσματα, κι ας διασκεδάσουμε λίγο... Τι λες; Θα τα καταφέρεις;»

Τον κοίταξα κατευθείαν στα μάτια.

«Εντάξει, Φρεντ, ας δειπνήσουμε όλοι μαζί, αλλά τη Σαντίνα θα τη συνοδεύσω εγώ στο σπίτι, πριν απ' τα μεσάνυχτα. Κατάλαβες;»

Εκείνος με κοίταξε παραξενεμένος και τελικά κατέβασε το χέρι του.

Αφού δε μου απαντούσε, συνέχισα: «Εάν δε συμφωνείς, παίρνω αυτή την καημένη την κοπελίτσα απ' το χέρι και την πηγαίνω τώρα αμέσως σπίτι της! Βρες μια άλλη Φρεντ, κάποια που να μπορεί να αντιμετωπίσει τα κόλπα σου».

Εκείνος αναστέναξε, παίρνοντας μια έκφραση παραίτησης, σε καμία περίπτωση βέβαια πειστική.

«Εντάξει, μετά το δείπνο θα την πάω σπίτι της.»

«Όχι! ΕΓΩ θα την πάω σπίτι της!»

«Καλά, καλά... Εσύ.»

«Κι αν θέλεις να κάνεις πράξη τις βρόμικες σκέψεις σου, βρες καμιά άλλη, συνεννοηθήκαμε;»

«Όπως θέλεις... Αλλά και τι νόημα έχει;»

«Δεν θα την αγγίξεις.»

«Δώσε μου ένα κίνητρο. Είχα επενδύσει πολλά στη Σαντίνα.»

Έδινε την εντύπωση ότι ήθελε να διαπραγματευτεί και ίσως μέσα του να το σκεφτόταν έτσι, πραγματικά. Συνειδητοποίησα ότι ήμουν διατεθειμένος μέχρι και να πληρώσω.

«Μια βδομάδα νοίκι, αν δεν την αγγίξεις, θα σου χαρίσω μια βδομάδα.»

Το σκέφτηκε για μια στιγμή, μπερδεμένος, μετά με κοίταξε σοβαρά.

«Ας τις κάνουμε δύο.»

Ήταν μια βρόμικη συνδιαλλαγή, έως και αποκρουστική, αλλά το αποτέλεσμα με ανησυχούσε πολύ περισσότερο από τα υπόλοιπα.

«Εντάξει, δύο.»

«Σύμφωνοι.»

Μου έδωσε το χέρι του, για να κλείσουμε επίσημα τη συμφωνία, αλλά εγώ τον αγνόησα.

«Λοιπόν είμαστε σύμφωνοι, τη Σαντίνα να τη βγάλεις απ' το μυαλό σου.»

«Την έβγαλα.»

«Ορκίσου.»

«Σου δίνω το λόγο της τιμ...»

«Όχι, ορκίσου.»

«Οκέυ, σ' το ορκίζομαι. Πες πως η Σαντίνα δεν υπήρξε

ποτέ για μένα.»

«΄Ετσι μάλιστα.»

«Βλέπεις ότι με τον Φρεντ πάντα κερδίζεις.»

«Κόφ' το!»

Αισθανόμουν ελαφρώς ανακουφισμένος. Δεν καταλάβαινα γιατί τα είχα κάνει όλα αυτά, ήταν σαν να έσωζα μόνο ένα μυρμήγκι αδιαφορώντας για όλα τα υπόλοιπα, τα εκατομμύρια μυρμήγκια που ποδοπατιούνται καθημερινά, αλλά ίσως ήταν ακριβώς γι' αυτό, για να κάνω κάτι, μόνο και μόνο για να κάνω κάτι. Η Σαντίνα εμφανίστηκε στην πόρτα, κατακόκκινη από ντροπή.

«Εδώ είσαστε;»

Ο Φρεντ κι εγώ σηκωθήκαμε συγχρόνως, σαν στρατιωτάκια, προσπαθώντας να χαμογελάσουμε. Το καημένο το ελαφάκι πού να υποψιαστεί ότι λίγα λεπτά πριν, σ' αυτό το δωμάτιο, είχα εξαγοράσει τη σωτηρία της. ΄Ετσι σκεφτόμουν.

«Συγνώμη, έπρεπε να μιλήσουμε για ένα επείγον ζήτημα.»

«Α, λυπάμαι! Θα σας περιμένω έξω.»

Πόσο αθώα ήταν! Ο Φρεντ την πλησίασε και την πήρε απ' το χέρι.

«Τελειώσαμε! Τώρα ο Κάρλο θα ετοιμάσει ένα ωραίο δείπνο και μετά θα πάμε για χορό, εντάξει;»

Το πρόσωπό της πλημμύρισε από χαρά, γέμισε αυτοπεποίθηση, κι εκείνη τη στιγμή συνειδητοποίησα έντρομος ότι θα μπορούσα να την ερωτευτώ ή κάτι τέτοιο τέλος πάντων.

Επιστρέψαμε στο καθιστικό. Περνώντας δίπλα απ' τον

Φρεντ του ψιθύρισα στ' αυτί: «Τι τον θες το χορό, ρε μαλάκα;»

Εκείνος με κοίταξε με μια αθώα έκφραση, και κούνησε το χέρι του, για να μου πει να μην ανησυχώ. Κι όμως ανησυχούσα και μάλιστα πολύ. Εκείνος προχώρησε γρήγορα μπροστά, έπιασε τη Σαντίνα απ' τη μέση και την έκανε μια στροφή σαν να 'θελε να τη χορέψει, και μετά από λίγο ξαφνικά κοκάλωσε κι έμεινε μ' ανοιχτό το στόμα.

«Καλέ, πού την πήγες την τηλεόραση; Μη μου πεις ότι την πήγες στο δωμάτιό σου!»

Έτρεξα για να πάρω το χαρτί της κατάσχεσης και το έβαλα στην τσέπη μου.

«Την πήγα για επισκευή.»

Ο Φρεντ άνοιξε διάπλατα τα χέρια σαν τον Εσταυρωμένο, και μετά τα άφησε να πέσουν με δύναμη στους γοφούς του.

«Κρίμα, γουστάρω να τρώω χαζεύοντας τηλεόραση.»

Το έκανα για κείνη, για τη Σαντίνα. Έτρεξα γρήγορα να κάνω τα ψώνια, προτού κλείσουν τα μαγαζιά. Πραγματικά βιάστηκα, για να μην αφήσω αυτή την κοπελίτσα πολλή ώρα μόνη της με τον Φρεντ. Αισθανόμουν ξέγνοιαστος. Πήγα στον ανάπηρο μανάβη, κι αυτή τη φορά τον βρήκα μέχρι και συμπαθητικό. Μου ξυπνούσε μια απίστευτη ζωντάνια το γεγονός ότι ήταν μουγκός, και το ακανόνιστο βάδισμά του μου έβγαζε μια τρυφερότητα. Τελείωσαν και τα τελευταία μου λεφτά. Στον κρεοπώλη είπα ότι είχα ξεχάσει το πορτοφόλι μου κι ότι είχα καλεσμένους στο σπίτι. Δε με πίστεψε, αλλά μου έδωσε ακριβώς αυτό που του ζήτησα. Με συγκίνησε η χειρονομία του.

Επέστρεψα στο σπίτι με μια φοβερή αδημονία και βρήκα τη Σαντίνα να χαζολογάει στο καθιστικό μ' αυτά τα μάτια γεμάτα ικανοποίηση, αχτένιστη, με τη φούστα της τσαλακωμένη.

«Ο Φρεντ;»τη ρώτησα.

«Πρέπει να είναι στο μπάνιο» είπε με μια πνοή, χαμογελώντας σε κάτι που ήταν πάρα πολύ μακριά. Μετά αφέθηκε στον καναπέ σαν να ήταν άυλη. Άκουσα τη βρύση να κλείνει κι εμφανίστηκε ο Φρεντ, πανευτυχής. Με είδε.

«΄Εφτασες κιόλας; Καλέ, εσύ είσαι σίφουνας.»

Τεντώθηκε σαν να ήταν στο κρεβάτι του, κι έβγαλε ένα βογκητό. Δεν απάντησα. Τον προσπέρασα κρατώντας τα ψώνια. Προσπάθησα να τον χτυπήσω στ' αρχίδια με τη σακούλα απ' το χασάπη, αλλά δεν τα κατάφερα, γιατί παραμέρισε έγκαιρα. Κρίμα. Τέλος πάντων, είχα λείψει μόλις λίγα λεπτά, δεν μπορεί να είχε συμβεί τίποτα ανεπανόρθωτο. Και στο κάτω κάτω, δεν μπορούσα να κάνω και τίποτ' άλλο.

Πήγα στην κουζίνα για να κλέψω καμιά ιδέα από τον Τσελεμεντέ, και τελικά βρήκα αυτό που έψαχνα. ΄Εβαλα μια ποδιά κι άρχισα να μαγειρεύω με μεγάλο ζήλο. Κάθε τόσο εμφανιζόμουν στο δωμάτιο ζητώντας τους συγνώμη, για να ελέγχω εάν ο Φρεντ τηρούσε κατά γράμμα τη συμφωνία μας. Ο Φρεντ είχε ένα ύφος λες και έκανε τη μεγαλύτερη θυσία του κόσμου, κι αυτό το έδειχνε. Τυπικά, είχε αφοσιωθεί στο να μάθει τη Σαντίνα πόκερ.

«Κανόνας νούμερο ένα: τα χρήματα. Χωρίς χρήματα το πόκερ χάνει τη σημασία του...»

«Γιατί;»

«Θα το καταλάβεις σύντομα.»

Η Σαντίνα διασκέδαζε, ήταν χαρούμενη που μάθαινε κάτι καινούργιο.

«Κανόνας νούμερο δύο: αλκοόλ και τσιγάρα πρέπει να είναι "κολλημένα"στο χέρι μας.»

«Τι σχέση έχουν αυτά με το παιχνίδι;»

«΄Εχουν.»

«Εγώ όμως ούτε πίνω ούτε καπνίζω.»

«Υπομονή. Θα μάθεις.»

Τι μαλάκας, σκέφτηκα, τι μαλάκας!

Σε λιγότερο από μία ώρα είχα ετοιμάσει ένα απλό αλλά γευστικότατο δείπνο, ικανοποιημένος που μπορούσα να κάνω ευτυχισμένη τη Σαντίνα. ΄Ημουν περήφανος για τον εαυτό μου.

«΄Ετοιμα!»

«Άντε ντε, άργησες», γκρίνιαξε ο Φρεντ. Αλλά εγώ χαμπάρι, κράτησα την ψυχραιμία μου σαν να μην τον είχα ακούσει. Είχα μαγειρέψει για κείνη, όχι για κείνον. Δεν έδινα δεκάρα για τον Φρεντ. Είχα στρώσει πολύ ωραία το τραπέζι, καθαρό τραπεζομάντιλο, ψεύτικα λουλούδια. Για κείνη, μόνο για κείνη.

Στη διάρκεια του δείπνου ο Φρεντ της γέμιζε συνέχεια το ποτήρι με κρασί, εγώ εν τω μεταξύ τον κλοτσούσα κάτω απ' το τραπέζι, ρίχνοντάς του απειλητικές ματιές. Η Σαντίνα έτρωγε με ευχαρίστηση, γλείφοντας τα δάχτυλά της σαν μπέμπα. Γελούσε, κατακόκκινη απ' το κρασί. Μετά από λίγο έβγαλε το πουλόβερ της κι έμεινε μ' ένα φανελάκι με πολύ μεγάλο ντεκολτέ. Πάνω στο άσπρο δέρμα της, ανάμεσα στις κλειδώσεις και το στήθος της, υπήρχαν δεκάδες ελίτσες, που ήταν πολύ χαριτωμένες.

Στις δέκα είχαμε τελειώσει το δείπνο κι είχαμε κι οι τρεις ψιλομεθύσει. Ο Φρεντ έβαλε μουσική και χόρεψε με τη Σαντίνα, μ' ένα ηλίθιο χαμόγελο κολλημένο στο πρόσωπό του. Εκείνη είχε αφεθεί πάνω του και χοροπηδούσε σαν σκίουρος, ενώ η φούστα της ανέβαινε αποκαλύπτοντας ένα σωρό υπέροχα πράγματα. Με κρύα καρδιά έπρεπε να παραδεχτώ ότι αυτό το κτήνος, ο Φρεντ, ήταν φανταστικός χορευτής. Κοιτούσα με ζήλια τα χέρια τους που αναζητούσαν το ένα το άλλο σε κάθε φιγούρα, ενώ αμφιταλαντευόμουν ανάμεσα στη ζήλια και την ευχαρίστηση που έβλεπα δύο κορμιά να λικνίζονται τόσο αρμονικά στο ρυθμό της μουσικής. Τα πόδια της Σαντίνα ήταν χάρμα οφθαλμών. Εκείνη κάθε τόσο άφηνε μια κραυγούλα και μου 'ριχνε καμιά ματιά, προσκαλώντας με να χορέψω.

«Άντε, Κάρλο, έλα.»

«Δεν ξέρω να χορεύω... Μην ανησυχείτε, μου φτάνει που σας βλέπω.»

Μετά από μισή ώρα η κατάσταση άρχισε να μ' εκνευρίζει, ένιωθα σαν βαρύθυμος γέρο-ματάκιας. Για να ξεφύγω, έκανα μια πρόταση.

«Βγαίνουμε;»

Η Σαντίνα έπεσε στον καναπέ, ξαναμμένη, με τα φουσκωτά χειλάκια της κατακόκκινα και με κοίταξε μ' ένα πάνγλυκο ύφος.

«Ας μείνουμε καλύτερα εδώ. Διασκεδάζω περισσότερο.» Και μετά από άλλο ένα ποτήρι κρασί επέστρεψε πάλι στο χορό.

Ο Φρεντ της πρότεινε να βγάλει τα παπούτσια της και της έμαθε τα βήματα για το τσα- τσα και το μάμπο, ενθαρρύνοντάς την με κομπλιμέντα που η ζήλια μου μ' έκανε να τα βρίσκω χυδαία. Κάποια στιγμή αισθάνθηκα πραγματικά δυσκίνητος, έτσι ζήτησα συγγνώμη και πήγα στο δωμάτιό μου, προσπαθώντας να μεταφράσω κανένα μαροκινό πιάτο. Φυσικά άφησα ανοιχτή την πόρτα. Προχωρούσα σιγά σιγά και είχα στήσει αυτί λες και ήμουν ο μπαμπάς της, για να ελέγχω μήπως και ξεφύγει η κατάσταση απ' τα όρια.

Πέρασε μισή ώρα. Είχα στην κυριολεξία παραδοθεί στη δουλειά μου, εκείνη τη στιγμή "μαγείρευα" χταπόδι με σκόρδο, κι όταν συνήλθα, συνειδητοποίησα ότι κάτω απ' τη μουσική δεν ακούγονταν πλέον φωνές. Σηκώθηκα χτυπώντας το γόνατό μου στο πόδι του τραπεζιού, έτρεξα στο καθιστικό κουτσαίνοντας και τους βρήκα αγκαλιασμένους στον καναπέ να φιλιούνται.

Η Σαντίνα τού είχε αφεθεί, τα χέρια της έπεφταν ελεύθερα στο πλάι, τα μάτια της ήταν κλειστά, λες και ήταν έτοιμη να λιποθυμήσει. Εκείνος με το ένα του χέρι απλωμένο σαν αράχνη είχε πιάσει τον άσπρο σβέρκο της και κουνούσε τα δάχτυλά του, ενώ το άλλο χέρι του περπατούσε πάνω κάτω στους μηρούς της, απ' το γόνατο ως λίγο πιο κάτω απ' την κοιλιά. Αισθάνθηκα έναν πόνο στα πλευρά μου και μου ξέφυγε μια στριγκλιά.

«Φρεντ!»

Εκείνη ξεκόλλησε απ' τα χείλη του και κρύφτηκε πίσω από τις πλάτες του γουρουνιού, και το γουρούνι πήρε ένα αθώο ύφος.

«Τι συμβαίνει; Δεν βλέπεις ότι την τρόμαξες;»

«Συγνώμη Σαντίνα.»

«Τέλος πάντων λέγε..., μήπως βρήκες καμιά αράχνη στο κρεβάτι σου;»

«Όχι, απλώς ήθελα να σου θυμίσω ότι... είναι κιόλας μεσάνυχτα.»

«Και λοιπόν;»

Η Σαντίνα εν τω μεταξύ, με τα μάγουλά της να καίνε, είχε σηκώσει το κεφάλι της και με κοιτούσε, αγκαλιάζοντάς τον ακόμα πιο σφιχτά. Ένιωθα φοβερά αμήχανος.

«Δεν πάμε να κάνουμε καμιά βόλτα;»

Ο Φρεντ κόλλησε τη μύτη του στη δική της.

«Τι λες, Σαντίνα; Θέλεις να πάμε καμιά βόλτα;»

Εκείνη κούνησε το κεφάλι της και τον αγκάλιασε ακόμα

πιο σφιχτά. Δεν μπορούσα πραγματικά να καταλάβω τι έβρισκε σ' αυτό το γουρούνι. Η θιγμένη ανδρική περηφάνια μου αιμορραγούσε και με πονούσε, σαν να είχε χτυπηθεί από τσεκούρι. Κι επιπλέον είχα βαρεθεί. Σκεφτόμουν μέχρι και ν' αφήσω πια αυτή την καημένη, αφελή Σαντίνα στα χέρια αυτού του ηλίθιου. Έτσι κι αλλιώς όλα ήταν ανώφελα. Αλλά στο τέλος βρήκα τη δύναμη να συνεχίσω κι έκανα αυτό που θεωρούσα χρέος μου.

«Φρεντ, μπορείς να έρθεις μια στιγμή; Θέλω να δεις κάτι.»

«Τώρα;»

«Ναι, τώρα.»

Το είπα οργισμένα κι η Σαντίνα αναπήδησε. Ο Φρεντ τη φίλησε στα μάτια και σηκώθηκε βαριεστημένα, με το ύφος μαθητή που τον έχουν τιμωρήσει. Στο δωμάτιό μου επαναλήφθηκε η σκηνή με τους ψιθύρους.

«Ορκίστηκες... Δύο εβδομάδες νοίκι, το ξέχασες κιόλας;»

«Έλα μωρέ, μόνο ένα φιλάκι της έδωσα, μην κολλάς κι εσύ σε βλακείες.»

«Φτάνει πια Φρεντ, βαρέθηκα, όχι μόνο για το θέμα της Σαντίνα, αλλά για όλα! Θέλεις να μάθεις τι έγινε με την τηλεόραση; Ήρθαν κάποιοι και την κατέσχεσαν εξαιτίας σου.»

«Εξαιτίας μου;»

«Μη μου το παίζεις ηλίθιος, εσύ τους έδωσες τη διεύθυνση, έτσι δεν είναι;»

«Δεν καταλαβαίνω για τι πράγμα μιλάς, σου δίνω το λόγο της...»

«Σταμάτα πια. Και τέλος πάντων αδιαφορώ για την τηλεόραση. Πήγαινε τώρα στη Σαντίνα και πες της ότι η βραδιά τελείωσε και ότι θα τη συνοδεύσω ΕΓΩ στο σπίτι της... Άντε πήγαινε! Τρέχα!»

Εκείνος κούνησε το κεφάλι του συγκαταβατικά.

«Έλα, μην το παίζεις ηθικολόγος, άσ' την να κοιμηθεί εδώ.»

Έβαλε το χέρι του, χωρίς να ντρέπεται, ανάμεσα στα σκέλια του, σαν να ήθελε να προκαλέσει μια μεγαλειώδη στύση. Έγινα έξαλλος κι η καρδιά μου άρχισε να χτυπάει δυνατά. Τα ψιθυριστά λόγια μου είχαν έναν ήχο ενοχλητικά μεταλλικό.

«Ηθικολόγος εγώ, ρε μαλάκα; Θα την πάω τώρα σπίτι και τελείωσε το θέμα. Κι αν ανακαλύψω ότι τη βλέπεις ακόμα κι από μακριά, σου τ' ορκίζομαι ότι θα σε καταγγείλω, θυμήσου ότι είναι ανήλικη, θα σου κάνουν τον κώλο τόσο!... Άκου ηθικολόγος εγώ!»

«Γιατί δεν προσπαθείς να ηρεμήσεις λίγο;»

«Κι αν κάνεις καμιά πονηριά, θα πάω στην αστυνομία και θα τους πω ότι το βράδυ του φόνου ήσουν έξω. Έγινα σαφής;»

«Καλά, Δον Κιχώτη μου, πήγαινε την πριγκιπέσσα σου σπίτι», και κούνησε το κεφάλι χαμογελώντας δυσαρεστημένα.

Γυρίσαμε στο καθιστικό. Η Σαντίνα είχε αποκοιμηθεί

στον καναπέ, με τα πόδια ανοιχτά μ' έναν αφελή, πρόστυχο τρόπο. Την ξύπνησα προσπαθώντας να είμαι γλυκός, σκουντώντας την στον ώμο. Εκείνη άνοιξε τα μάτια της και τρόμαξε. Τινάχτηκε όρθια και κάθισε.

«Πού είναι ο Φρεντ;»

Ο Φρεντ πετάχτηκε από πίσω μου.

«Εδώ είμαι.»

Εκείνη τον πήρε απ' το χέρι και τον τράβηξε στον καναπέ. Με κοίταξε με χαμηλωμένο βλέμμα και ρώτησε τον Φρεντ: «Γιατί με κοιτάει έτσι;»

Εκείνος κάθισε δίπλα της και τη φίλησε στον ώμο.

«Μα όχι, δεν είναι κακός..., απλώς είναι λίγο νευρικός. Κοιμάται ελάχιστα.»

Άρχισα να χάνω την υπομονή μου, ο Φρεντ το κατάλαβε, μου έκανε σινιάλο με τα μάτια του και μετά έσκασε ένα πλατύ, γοητευτικό χαμόγελο στη μικρή αφελή.

«Άκου, κούκλα μου, αύριο πρέπει να ξυπνήσω νωρίς. Τι θα 'λεγες να πηγαίναμε για ύπνο;»

«Θα με πάρεις στο κρεβάτι σου;»

Ο Φρεντ με κοίταξε σαν να 'θελε να μου πει ότι δεν έφταιγε εκείνος. Άνοιξα διάπλατα τα μάτια μου, για να του υπενθυμίσω την προειδοποίησή μου. Η Σαντίνα περίμενε να της απαντήσει.

«Ε; Θα με πάρεις;»

Το γουρούνι πήρε ένα αθώο ύφος, όσο αισθανόταν το βλέμμα μου βαρύ πάνω του.

«Α όχι, απόψε ο καθένας στο κρεβάτι του... Άντε, γλυκιά μου, θα σε συνοδεύσει ο Κάρλο.»

«Γιατί ο Κάρλο;»

Είχε απογοητευτεί φοβερά. Ο Φρεντ έβαλε το χέρι του στο μηρό της, επιδεικνύοντας κι αποδεικνύοντας ότι ήξερε να εκμεταλλεύεται κάθε περίσταση.

«Δεν τρέχει τίποτα, κούκλα μου, απλώς είμαι λίγο κουρασμένος... Τώρα πάμε να κάνουμε όλοι νανάκια κι εμείς οι δύο θα τα ξαναπούμε σύντομα, οκέυ;» Μετά με κοίταξε για να με καθησυχάσει για την τελευταία φράση του. Ο τρόπος που μιλούσε μου ήταν ιδιαίτερα δυσάρεστος. Η Σαντίνα πήρε ένα περίλυπο ύφος, ενώ έψαχνε με τα μάτια τα παπούτσια της.

«Μπορώ να πάω για πιπί;»

Της έδειξα πώς να πάει στην τουαλέτα κι εκείνη προχώρησε ανάλαφρα, με γυμνά πόδια, μέχρι το μπάνιο. Ο Φρεντ καθόταν στον καναπέ, άνετος, κι είχε δέσει τα χέρια του πίσω απ' το σβέρκο του. Άφησε έναν καρτερικό αναστεναγμό.

«Είναι πραγματικά κρίμα. Μια κοπελίτσα σαν τα κρύα τα νερά, γεμάτη ζωντάνια...»

«Μην το σκέφτεσαι, ίσως μετά από λίγα χρόνια να κάνεις λοβοτομή και τότε να καταλάβεις ότι έκανες το σωστό.»

«Δεν ξέρω...», έκανε εκείνος, γλείφοντας τα χείλη του.

Η Σαντίνα γύρισε, παραπατώντας νυσταγμένη, έβαλε τα παπούτσια της, ενώ απέφευγε συνέχεια το βλέμμα μου. Αισθανόμουν άσχημα, ήθελα κάτι να πω, αλλά ήξερα ότι ήταν ανώφελο. Για να αισθανθώ καλύτερα, σκέφτηκα ότι έκανα μια ηρωική πράξη κι ότι ο δρόμος για τους ήρωες ήταν ανέκαθεν μοναχικός, άσε που ποτέ κανείς δεν τους καταλάβαινε. Ο Φρεντ μας συνόδευσε στο κατώφλι, φίλησε τα χέρια της Σαντίνα και της ψιθύρισε κάτι στ' αυτί. Εκείνη κοκκίνισε.

«Αλήθεια το λες;»

«Αλήθεια, κουκλίτσα μου.»

«Μου το υπόσχεσαι;»

«Σου δίνω το λόγο μου... Αλλά, σσς... μην το πεις σε κανέναν, είναι μυστικό.»

Πήρα την καημενούλα απ' τον ώμο και την τράβηξα έξω.

Είχα ελάχιστη βενζίνη και οδηγούσα αργά. Έριξα μια ματιά στο δείκτη που ήταν σταθερός συνέχεια στο ίδιο σημείο. Η Σαντίνα με λοξοκοίταξε καχύποπτα.

«Γιατί πας τόσο αργά;»

«Όχι, απλώς έχω λίγη βενζίνη.»

Εκείνη σήκωσε αδιάφορα τους ώμους της. Σε όλη την υπόλοιπη διαδρομή δάγκωνε ελαφρά τα χείλη της και δεν έλεγε τίποτα, μου έδειχνε μόνο το δρόμο. Έμενε στην άλλη άκρη της πόλης, στο Σέστο, πέρα απ' τη βιομηχανική ζώνη, και αφού περάσαμε ένα λαβύρινθο από άγνωστους σε μένα δρόμους, τελικά μου έδειξε μια πολυκατοικία.

«Αυτή είναι.»

Έσβησα τη μηχανή κάτω απ' το σπίτι της, έσκυψα απ' το

παμπρίζ, για να δω πού έμενε. Απαίσιο μέρος.

«Καλά είναι εδώ» είπα.

Εκείνη σήκωσε για άλλη μια φορά τους ώμους της.

«Μένουν πολλοί Κινέζοι εδώ γύρω.»

Δεν ήθελα να την αφήσω να φύγει έτσι. Έβαλα το χέρι μου γύρω απ' το λαιμό της, την τράβηξα προς το μέρος μου, παρ' ότι ένιωθα φοβερή ντροπή γι' αυτό που έκανα. Δεν ήθελα κάτι συγκεκριμένο, ίσως μόνο ένα φιλί, μια ανάμνηση. Δεν ξέρω για ποιο λόγο μου φαινόταν ότι ήμουν πιο αξιοπρεπής από τον Φρεντ. Ή μάλλον το ήξερα, εκείνος ήταν ένα γουρούνι, εγώ όχι. Τότε λοιπόν γιατί φερόμουν σαν εκείνον; Η Σαντίνα απομακρύνθηκε ρίχνοντάς μου ένα άγριο βλέμμα, ενώ τα δάχτυλά της ήταν κολλημένα στο χερούλι της πόρτας, έτοιμη να πεταχτεί έξω.

«Άσε με ήσυχη.»

Την κρατούσα ακόμα μόνο για ένα φιλί, ίσως και να ήθελα να δικαιολογηθώ, τη φιγούρα του μοναχικού ήρωα δεν τη χρειαζόμουν πια, την είχα πετάξει από πάνω μου, και κυρίως δε μου άρεσε καθόλου η ιδέα να έχει σχηματίσει κακή εντύπωση η Σαντίνα για μένα.

«Άκου, μη σκέφτεσαι άσχημα για μένα.»

«Ε, τότε λοιπόν πάρε το χέρι σου.»

Πλησίασα ακόμα περισσότερο με σκοπό να αγγίξω με τα χείλη μου το μάγουλό της, απλώς και μόνο για να δει ότι δεν ήθελα να της κάνω κακό. Εκείνη ούρλιαξε.

«Φτάνει! Άσε με, με πονάς!»

«Περίμενε, σ' το ορκίζομαι δεν είναι αυτό που νομίζεις...»

Δεν πρόλαβα να τελειώσω αυτή τη χιλιοειπωμένη φράση, και τελείως ξαφνικά ανοίγει η πόρτα απ' τη μεριά της Σαντίνα κι εμφανίζεται το ταλαιπωρημένο και σκυθρωπό πρόσωπο μιας γυναίκας.

«Τέτοια ώρα, πουτάνα!»

Ο ήχος απ' το χαστούκι με χτύπησε κατακούτελα, το κεφάλι της Σαντίνα έκανε μια στροφή και για ένα δευτερόλεπτο ο ξανθός χείμαρρος των μαλλιών της κυριαρχούσε στο χώρο και μου έκρυβε το οπτικό πεδίο. Η γυναίκα τράβηξε την κοπέλα και την έσυρε έξω από τ' αυτοκίνητο, συνεχίζοντας να τη χτυπάει στο πρόσωπο. Κατέβηκα κι εγώ από τ' αυτοκίνητο, αλλά έμεινα σε μια απόσταση ασφαλείας.

«Θεέ και Κύριε, μα είστε τρελή; Δεν έκανε τίποτα κακό.»

Η γυναίκα παράτησε προς στιγμή τη Σαντίνα κι απείλησε εμένα μ' ένα χαστούκι.

«Φύγε γιατί θα τις φας κι εσύ, γουρούνι! Δε βλέπεις ότι είναι μωρό ακόμα!»

«Εγώ απλώς τη συνόδευσα στο σπίτι.»

«Είπα φύγε, κτήνος! Είναι μόνο δεκάξι χρονών!... Και συ, μπρος στο σπίτι, πουτάνα!» Ξανάρχισε να τη χαστουκίζει, σπρώχνοντάς την προς την είσοδο του σπιτιού.

΄Εφυγα κουβαλώντας το βάρος της θλίψης μιας ταπεινωτικής εμπειρίας. Για να εκτονωθώ, πάτησα στο τέρμα το γκάζι και στις στροφές τα λάστιχα του αυτοκινήτου έβγαζαν έναν έντονο, εκνευριστικό ήχο.

«Εγώ τον Φρεντ θα τον σκοτώσω, τ' ορκίζομαι ότι θα τον σκοτώσω!»

Στην οδό Λούνγκο λ' Άφρικο, μόλις ένα χιλιόμετρο από το σπίτι μού τελείωσε η βενζίνη. Ακριβώς στο σημείο που σιχαινόμουν, στο ύψος της λεωφόρου Ντούζε. Τη σιχαινόμουν, γιατί ακριβώς σ' αυτό το σημείο μια πρώην μου μού είχε σκάσει ένα χαστούκι μες στη μέση του δρόμου. Ξαναθυμήθηκα τη σκηνή, ξανάκουσα τον ήχο του χαστουκιού που είχα φάει, και η ταπείνωση ξαναζωντάνεψε μέσα μου, όπως ακριβώς τότε. Πραγματικά ήταν μια καταπληκτική βραδιά απόψε! Και όλα αυτά χάρη στον Φρεντ, όλα χάρη στον Φρεντ. Τα μάτια μου είχαν πεταχτεί έξω από την οργή. Έσυρα το αυτοκίνητο στην άκρη του δρόμου και περπάτησα προς το σπίτι με γρήγορα βήματα.

«Θα σε πνίξω, Φρεντ, τ' ορκίζομαι θα σε πνίξω!»

Όταν έφτασα σπίτι, εκείνος κοιμόταν και ροχάλιζε τόσο δυνατά, που έτρεμαν οι τοίχοι. Εάν ήμασταν σε κάποιο έρημο νησί, θα τον στραγγάλιζα. Πήγα για ύπνο ελπίζοντας ότι θα καταφέρω να κοιμηθώ ήρεμα, και τυλίχτηκα μέσα στις κουβέρτες σαν μωρό. Το τελευταίο πράγμα που άκουσα ήταν το μακρινό, πολύ μακρινό σφύριγμα ενός τρένου.

Το πρωί με περίμενε μια μοναδική έκπληξη: ο Φρεντ δεν ήταν στο σπίτι. Έπεσα με τα μούτρα στη μετάφραση και τον ξέχασα τελείως για την υπόλοιπη ημέρα, σαν να μην είχε υπάρξει ποτέ. Κάθε λίγο κοίταζα έξω απ' το παράθυρο κι έβλεπα το στρογγυλό εξώστη της οδού Ροντινέλα, για να απαλλαγώ απ' την αίσθηση που είχα ότι ήμουν κατάδικος. Τα αυτοκίνητα γλιστρούσαν ήρεμα πάνω στο βρεγμένο δρόμο.

Ο Φρεντ δεν επέστρεψε ούτε καν την ώρα του δείπνου. Ως συνήθως, ο κλήρος έπεφτε πάλι σε μένα να πλύνω τα πιάτα, να σκουπίσω το πάτωμα, να πετάξω τα σκουπίδια και να βάλω καινούργια σακούλα. Ο Φρεντ δεν κουνούσε ούτε το μικρό του δαχτυλάκι. Τέλος πάντων, τουλάχιστον ήμουν μόνος στο σπίτι, κι αυτό είχε τη μεγαλύτερη αξία. Κάθισα με την άνεσή μου στην κουζίνα κι έφαγα αυτά που είχαν περισσέψει, όσο χάζευα μια ταινία σε μια παλιά, ασπρόμαυρη τηλεόραση που είχα στο πατάρι. Έπρεπε πάση θυσία να ζητήσω μια προκαταβολή απ' τον εκδότη, είχα μείνει ταπί. Γύρω στα μεσάνυχτα, έπεσα για ύπνο. Αισθανόμουν τα μάτια μου βαριά και κουρασμένα και τ' αυτιά μου βούιζαν. Δεν μπορούσα να απαλλαγώ απ' τον εφιάλτη του βιβλίου μαγειρικής. Μέσα στο σκοτάδι έβλεπα συνταγές και λίστες από υλικά, τις οποίες μετέφραζα χωρίς σταματημό, πάντοτε ανικανοποίητος απ' το αποτέλεσμα της δουλειάς μου.

Πρέπει να ήταν πολύ αργά, όταν άκουσα χτυπήματα στην πόρτα. Μόλις με είχε πάρει ο ύπνος και βαριόμουν να σηκωθώ. Χτυπούσαν ολοένα και πιο δυνατά, πήγα στο καθιστικό ανήσυχος και οργισμένος, με την καρδιά μου έτοιμη να σπάσει. Άνοιξα διάπλατα την πόρτα κι αυτό που αντίκρυσα ήταν ένα αξιοθρήνητο θέαμα που πολύ θα ήθελα να μην είχα δει ποτέ μου. Ο Φρεντ ήταν πίτα στο μεθύσι. Τον κρατούσαν δύο τύποι, ο ένας ήταν σίγουρα αυτός ο βαρόνος της Πομόνα, ο άλλος ήταν ένας τύπος αδύνατος και βρομερός σαν το βαρόνο, με βαθουλωτά μάγουλα και με λαδωμένα μαλλιά γεμάτα πίσσα στους κροτάφους. Μίλησε πρώτος ο βαρόνος.

«Σας φέραμε τον κύριο Φρεντ. Ήπιε λίγο παραπάνω και μετά έμπλεξε σ' έναν καβγά.»

Πράγματι, τα χείλια του Φρεντ ήταν ματωμένα και το ένα του μάτι ήταν μαυρισμένο. Με ένα ακόμα χτύπημα θα είχε πάει γραμμή στο νοσοκομείο. Κρίμα! Έδειξα στους δύο αλητήριους το δωμάτιο του αποβράσματος.

«Αφήστε τον εκεί.»

Τον έσυραν μέχρι το δωμάτιο και τον έριξαν πάνω στο κρεβάτι. Βρομούσαν κι οι τρεις, λες και είχαν βγει από κανένα κοτέτσι. Ήμουν νευριασμένος, αλλά κατά βάθος αισθανόμουν ήρεμος, έστω κι αν δεν καταλάβαινα στην ουσία πού την έβρισκα όλη αυτή την υπομονή. Ίσως να υπάρχουν όρια, πέρα απ' τα οποία δεν μπορείς πλέον να νευριάσεις.

Ο Φρεντ άφησε έναν αναστεναγμό κι έγλειψε τα μουδιασμένα χείλη του, ροχαλίζοντας και βήχοντας μ' έναν τρόπο φριχτά αηδιαστικό. Κάτω απ' τα μισάνοιχτα μάτια του διακρινόταν μόνο το άσπρο τους. Οι πιστοί του φίλοι τον έγδυσαν και του έριξαν από πάνω το σεντόνι. Με κοίταξαν ικανοποιημένοι, λες και είχαν εκπληρώσει ένα μεγαλειώδες επίτευγμα. Ο βαρόνος είπε, επίσης ικανοποιημένος: «Ορίστε, όλα εντάξει».

Επιστρέψαμε στο καθιστικό κι εγώ άνοιξα αμέσως την πόρτα.

«Ωραία, τώρα συγνώμη, αλλά πρέπει να πάω για ύπνο.»

Ο βαρόνος έκανε ένα βήμα μπροστά, χαμογελώντας με ύφος προσβεβλημένου.

«Ο Φρεντ μας είπε ότι...»

«Ότι...;»

«... ότι θα μπορούσαμε να κοιμηθούμε εδώ.»

«Τι πράμα;»

Ο άλλος έγνεψε *ναι* με το κεφάλι του.

«Ναι, ο κύριος Φρεντ έτσι μας είπε.»

«Κακώς. Αυτό το σπίτι είναι δικό μου και καλώ όποιον θέλω εγώ.»

«Απλώς έναν υπνάκο θα πάρουμε και θα φύγουμε νωρίς το πρωί.»

«Όχι, όχι, δεν υπάρχει χώρος.»

«Κι όμως εκείνος μας έδωσε το λόγο της τιμής του ότι...»

«Είπα φύγετε!»

Η υπομονή μου για άλλη μια φορά είχε εξαντληθεί, ο εκνευρισμός μού έφερνε δύσπνοια. Είχα ουρλιάξει, η πόρτα ήταν ακόμα ανοιχτή, κι απ' τις σκάλες ακούστηκε ο ήχος μιας πόρτας που άνοιγε. Μετά μια φωνή.

«Ποιος είναι; Τι συμβαίνει;»

Ήταν η κυρία Ατιλία. Άνοιξαν κι άλλες πόρτες και βιάστηκα, μέσα στην απελπισία μου, να κλείσω τη δικιά μου. Χαμήλωσα τη φωνή μου.

«Τέλος πάντων, Χριστέ μου, πρέπει να φύγετε!»

Ο τύπος με τα λαδωμένα μαλλιά κοίταξε το βαρόνο μ' ένα ύφος ονειροπόλησης. «Αγαπημένε μου βαρόνε, χάθηκε πια στις μέρες μας η έννοια της φιλοξενίας σ' αυτόν τον κόσμο».

Και ο βαρόνος: «Ε ναι, οι πραγματικοί κύριοι βρίσκονται όλοι κάτω απ' τη γη».

Ο άλλος: «Την εποχή που είχα το κάστρο μου...»

Κι ο βαρόνος: «Άλλες εποχές εκείνες, κόμη μου, άλλες εποχές».

Εν τω μεταξύ στη σκάλα ακούγονταν συνέχεια ψίθυροι ανησυχίας. Έκρυψα με τα χέρια μου τα μάτια μου, για να μη βλέπω πια αυτές τις δύο παράλογες φιγούρες. Δεν καταλάβαινα από πού μπορεί να το είχαν σκάσει. Ίσως το έσκασαν απ' τις φυλακές του Σαν Σάλβι. Συνέχιζα να έχω κλειστά τα μάτια μου, για να μη βλέπω τίποτα, αλλά τ' αυτιά μου άκουγαν και μάλιστα πολύ καλά, κι αυτά τα δύο φαντάσματα συνέχιζαν να φλυαρούν για τη φιλοξενία στις παλαιότερες εποχές αγνοώντας παντελώς την κατάστασή μου.

«Αγαπητέ μου κόμη, εγώ ποτέ δεν είχα διώξει κανέναν απ' το κάστρο μου.»

«Κι εγώ! Κι εγώ!»

«Το αρχοντικό στην Πομόνα... η φιλοξενία...»

«Λες και δεν το ξέρεις, βαρόνε μου, λες και δεν το ξέρεις.»

«Α! Το καλωσόρισμα των φτωχών!»

Και που τους άκουγα απλώς και δεν τους έβλεπα, ήταν το ίδιο ενοχλητικό, αλλά δεν είχα πια τη δύναμη να τους πετάξω έξω, γι' αυτό πήγα για ύπνο χωρίς καν να τους χαιρετήσω. Περίεργο πράγμα, αλλά αποκοιμήθηκα αμέσως.

Ξύπνησα από έναν εφιάλτη, είχα ιδρώσει και δεν είχα τη δύναμη να σηκωθώ. Κοίταξα το ξυπνητήρι, ήταν σχεδόν μεσημέρι. Μπροστά στα μάτια μου ήταν ακόμα ζωντανό αυτό το απαίσιο όνειρο..., ο βαρόνος και ο κόμης χόρευαν γυμνοί με τη Σαντίνα, κι είχαν μεγάλα τσαμπιά μαύρο σταφύλι κρεμασμένα στ' αυτιά τους. Κατά τις δύο σύρθηκα στο μπάνιο κι άκουσα από μακριά το βαρύ ροχαλητό του Φρεντ. Αυτός ήταν ακόμα χειρότερος εφιάλτης. Έπλυνα το πρόσωπό μου με κρύο νερό και πήγα στην κουζίνα, να φτιάξω έναν καφέ. Απορώ πώς τα κατάφερα και δεν ούρλιαξα. Πάνω στο τραπέζι και στο πάτωμα ήταν παρατημένα αποφάγια, το ψυγείο ήταν άδειο και κάποιος είχε κάνει εμετό μέσα στον κάδο των σκουπιδιών. Δεν μπορούσες ν' αναπνεύσεις απ' την μπόχα. Άνοιξα τέντα το παράθυρο, για να μην ξεράσω, μάζεψα τις τελευταίες μου δυνάμεις κι έτρεξα στο καθιστικό, έτοιμος να κάνω φόνο. Δε βρήκα κανέναν. Τα μαξιλάρια του καναπέ έμοιαζαν σαν να τα είχε πατήσει οδοστρωτήρας, άσε που όλο το δωμάτιο σκυλοβρομούσε.

«Φρεεεεεεντ!»

Κατευθύνθηκα προς το δωμάτιο αυτού του μπαμπουίνου, πεπεισμένος απόλυτα πλέον ότι με είχαν καταδικάσει σε ισόβια. Άναψα το φως και τον βρήκα να χασμουριέται, ενώ τα μάτια του ήταν μες στις τσίμπλες. Τα πρησμένα χθες μέρη του σώματός του σήμερα είχαν μαυρίσει και το στόμα του ήταν λες και το είχαν φουσκώσει με σιλικόνη. Εκείνος ήταν η προσωποίηση της γαλήνης.

«Γεια σου Κάρλο, ξέρεις ότι χθες μου συνέβη κάτι πολύ περίεργο; Δεν ξέρω πότε ακριβώς, αλλά εκεί που ήμουν έτοιμος να χτυπήσω ένα κωλόπαιδο, ξαφνικά δε θυμάμαι τίποτα, το απόλυτο σκοτάδι, και τώρα ξυπνώ εδώ στο κρεβάτι μου, χωρίς ρούχα, κι έχω στο κεφάλι μου την ενοχλητική αίσθηση ότι κάποιος φώναξε τ' όνομά μου... Έχεις καμιά ιδέα;»

Γούρλωσα τα μάτια μου, αφού ήδη βρισκόμουν σε κατάσταση υστερίας.

«Φρεντ, μπρος σήκω, κλείσου στο μπάνιο, διαισθάνομαι ότι είμαι έτοιμος να κάνω καμιά τρέλα.»

Εκείνος δεν κινήθηκε, άγγιξε τα πρησμένα χείλη του κι έκανε ένα μορφασμό.

«Ξέρεις το Coq d' or;»

«Τι 'ναι αυτό;»

«Α, δεν το ξέρεις; Καλά το φαντάστηκα. Είναι ένα μπαράκι εδώ πιο πέρα, στην οδό... στην οδό... βοήθησέ με.»

«Όχι! Δεν το ξέρω κι ούτε θέλω να το μάθω.»

«Μου φαίνεται ότι ήταν η οδός Μπροντσέτο, αλλά δεν παίρνω κι όρκο...»

«Δεν μου καίγεται καρφάκι.»

«Κακώς. Είναι ένα μέρος très jolie. Είναι και μια κοπέλα που κάνει ένα είδος στριπτίζ... και τα ποτά είναι πολύ φτηνά.»

«Φρεντ, άκουσέ με, Χριστέ μου,...»

Συνέχιζα να ανασαίνω με μεγάλη δυσκολία, άκαμπτος, τσιτωμένος, και είχα την αίσθηση ότι τα τεράστια χέρια ενός φούρναρη μου ζύμωναν το κεφάλι. Με δυσκολία κατάφερνα να αρθρώσω κάθε λέξη. Εκείνος άπλωσε το χέρι του προς την καρέκλα, τράβηξε το πορτοφόλι απ' την τσέπη του παντελονιού του, το άνοιξε κι έβγαλε μια φωτογραφία.

«Δες την μια στιγμή και πες μου τη γνώμη σου.»

Μου έδωσε τη φωτογραφία χαμογελώντας υπομονετικά. Ήταν μια γυναίκα σχεδόν γυμνή, που κρατούσε στο χέρι της μια ξεφλουδισμένη μπανάνα, κι από κάτω έγραφε *«Τζιούζι»*. Την έσκισα σε χίλια μικρά κομμάτια, που τ' άφησα να πέσουν πάνω απ' το κεφάλι του.

«Βρε κτήνος, δεν καταλαβαίνεις ότι υπάρχουν και όρια!»

Είχα ακόμα δύσπνοια και η εικόνα του άδειου ψυγείου ήταν καρφωμένη στο μυαλό μου. Εκείνος σηκώθηκε και στηρίχτηκε στους αγκώνες του.

«Εσύ μου είπες να βρω μία που να μου ταιριάζει, έτσι δεν είναι;»

«Μα από τι σκατά είσαι φτιαγμένος;... Σκατά! Δεν μπορώ να το πιστέψω!»

Τεντώθηκε και κουλουριάστηκε κάτω από το πάπλωμα σαν σκουλήκι. Μετά με τα δάχτυλά του καθάρισε τις τσίμπλες του.

«Την κάλεσα για δείπνο απόψε, δεν πιστεύω να σε πειράζει...»

Με κοίταξε στο ύψος του καβάλου, και μόλις εκείνη τη στιγμή συνειδητοποίησα ότι ήμουν γυμνός, κάλυψα το επίμαχο σημείο με τα χέρια μου και βγήκα έξω τρέχοντας. Εκείνος από πίσω μού φώναζε: «Ξέρεις, τελικά δεν είσαι άσχημος. Θέλεις να πω στην Τζιούζι να φέρει και καμιά φίλη της;»

«Όοοοχι!»

Ντύθηκα και κλείστηκα στο δωμάτιό μου, αποφασισμένος να περάσω τ' απόγευμά μου μ' αυτή την καταραμένη μετάφραση. Χρειαζόμουν πάση θυσία τα χρήματα. Αγνόησα όλους τους θορύβους και στρώθηκα στη δουλειά. Κατά τις τέσσερις έκανα μια διακοπή και τηλεφώνησα στον εκδότη.

«Είμαι σε καλό σημείο, ξέρετε... Θα μπορούσατε να μου δώσετε μία προκαταβολή; Ακόμα και πενήντα χιλιάδες λιρέτες.»

«Βικαρέλι!... Μην είσαι πάντα τόσο άπληστος. Αυτά τα πράγματα πληρώνονται με την ολοκλήρωση και την παράδοση της δουλειάς, είναι κανόνας.»

Η συζήτηση σταμάτησε εκεί. Εάν ήθελα ν' αποτρέψω την περίπτωση του υποσιτισμού μου, έπρεπε να τελειώσω αυτή τη δουλειά έγκαιρα. Μου είχαν μείνει ακόμα είκοσι συνταγές. Καταβρόχθισα μια πλάκα σοκολάτας και ξανάρχισα τη δουλειά. Δεν ήξερα τι έκανε ο Φρεντ, εάν ήταν σπίτι ή όχι, αλλά δε μ' ένοιαζε. Στις επτά μού είχαν μείνει ακόμα μόνο τρεις συνταγές να μεταφράσω. Ένιωθα έναν πόνο ακριβώς ανάμεσα στα μάτια, δεν άντεχα άλλο την ακτινοβολία της οθόνης κι αποφάσισα ότι θα συνέχιζα το επόμενο πρωί. Βγήκα απ' το δωμάτιό μου και πήγα να βρω τον Φρεντ. Η πόρτα του ήταν κλειδωμένη. Χτύπησα.

«Φρεντ είσαι μέσα;»

Καμία απάντηση.

«Φρεντ; Φρεεεντ;»

Νεκρική σιγή. Δεν μπορούσα να το πιστέψω. Απολύμανα την κουζίνα, έκανα ένα κρύο ντους, μετά κάπνισα ένα τσιγάρο ξαπλωμένος στον καναπέ, γυμνός κι ευτυχισμένος. Αυτή η βρόμα από κοτέτσι είχε περιοριστεί αισθητά, η ζωή μου ξανάπαιρνε τον παλιό, καλό ρυθμό της. Ένιωθα σχεδόν ευτυχισμένος. Έσβησα με χαρά το τσιγάρο στο τασάκι, ενώ κανονικά ήθελα να το έσβηνα στα δόντια του Φρεντ.

Είχα βαρεθεί έτσι κλεισμένος μέσα στο σπίτι και βγήκα να περπατήσω λίγο. Πήγα στη Λούνγκο λ' Άφρικο, για να βρω τ' αυτοκίνητό μου, αλλά στάθηκε αδύνατο. Στη θέση που το είχα παρκάρει, τώρα υπήρχε μια τεράστια λακκούβα δύο μέτρων και μια πινακίδα της εταιρείας ρεύματος. Ρώτησα στο μπαρ της γωνίας μήπως το είχαν δει. Μου είπαν ότι ένα κόκκινο R4 το είχε πάρει ο γερανός.

Ήθελα να κλάψω. Στο δρόμο για το σπίτι κάθισα σ' ένα

παγκάκι στην οδό Νοβέλι, ανάμεσα σε συνταξιούχους και περιστέρια. Σκεφτόμουν την κατάστασή μου. Το γκαράζ με τ' αυτοκίνητα που έπαιρνε ο γερανός βρισκόταν στην άλλη άκρη της πόλης, το πρόστιμο ήταν γύρω στις εκατόν πενήντα χιλιάδες, άσε που το αυτοκίνητο είχε ξεμείνει από βενζίνη. Την επόμενη μέρα θα παρέδιδα τη δουλειά στον εκδότη, για να πάρω το εκπληκτικό ποσό των τριακοσίων εξήντα χιλιάδων, και να σκεφτεί κανείς ότι δεν είχα πληρώσει ακόμα το λογαριασμό του τηλεφώνου, ήμουν ρέστος από χρήματα, είχα μια διαβολική πείνα, η μητέρα της Σαντίνα με θεωρούσε γουρούνι, και καπάκι συμβίωνα και μ' ένα ελεεινό ον.

Άναψα το τελευταίο μου τσιγάρο και πέταξα μακριά το άδειο πακέτο, αφού πρώτα το έλιωσα στη χούφτα μου. Μια ηλικιωμένη που περνούσε με κοίταξε περιφρονητικά. Ρύπαινα την πόλη. Έστειλα από μέσα μου τη γριά στο διάολο και πήρα το δρόμο για το σπίτι. Κάπου πρέπει να είχε μείνει μια κονσέρβα με τόνο.

Στην οδό Ντ' Ανούντσιο έπεσα κατά λάθος πάνω σε μια νεαρή, ομορφούλα γυναίκα και της έριξα την τσάντα με τα ψώνια· πατάτες και πορτοκάλια άρχισαν να κυλούν στο πεζοδρόμιο σαν να ήταν ζωντανά. Της ζήτησα συγνώμη και προσπάθησα να τη βοηθήσω, εκείνη απομακρύνθηκε σαν να φοβόταν μήπως της βάλω χέρι.

«Μπορώ και μόνη μου» είπε και βιάστηκε να τα μαζέψει. Γιατί έκανε έτσι; Απλώς να της ζητήσω συγνώμη ήθελα.

«Συγνώμη, ήμουν αφηρημένος.»

«Πρόσεξε, γιατί θα βάλω τις φωνές.»

«Μα όχι, απλώς θέλω να σας ζητήσω συγνώ...»

«Βοηήθεια!»

Ένας τεράστιος τύπος σαν ντουλάπα σταμάτησε στο απέναντι πεζοδρόμιο, ελέγχοντας την κατάσταση. Ακόμα κι ο σακάτης μανάβης με τον αμερόληπτο σαρκασμό του πετάχτηκε έξω, για να δει τι συμβαίνει. Έβαλα τα χέρια στις τσέπες κι έφυγα.

«Κωλοπόλη», σκεφτόμουν. «Γιατί δε φεύγω; Γιατί κάθομαι εδώ πέρα και μαραζώνω;»

Παρ' όλα αυτά, μόλις έφτασα στη Μαράντι και είδα την είσοδο της πολυκατοικίας μου, αισθάνθηκα μια ανακούφιση. Σκεφτόμουν: το πλοίο επιστρέφει στο λιμάνι μετά από την τρικυμία. Στο φτωχό μυαλό μου είχε απομείνει ακόμα λίγη διάθεση για ποίηση. Ανέβαινα τα σκαλιά ένα ένα, κατάκοπος. Άκουσα την πόρτα του τελευταίου ορόφου να κλείνει, ο ήχος της στροφής του κλειδιού στην κλειδαριά, κι αμέσως μετά τα χοροπηδηχτά και ηχηρά βήματα της Τζιοβάνα. Την παρακολούθησα κρυφά και είδα το χεράκι της να γλιστρά στα κάγκελα της σκάλας. Συναντηθήκαμε στο δεύτερο όροφο. Φορούσε ένα μαλακό, μαύρο καπελάκι, που της έπεφτε μέχρι τα μάγουλα. Είχε καταπληκτικά μάτια. Μαζί της ήταν κι ένας τύπος, σίγουρα κάποιος καινούργιος. Μια συνηθισμένη φάτσα που την ξέχασα αμέσως. Σταματήσαμε και οι τρεις στη μέση του κεφαλόσκαλου. Εκείνη με χαιρέτησε χαρίζοντάς μου ένα όμορφο χαμόγελο, όπως πάντα. Ήταν πραγματικά πάρα πολύ όμορφη, κάθε φορά που την έβλεπα εκστασιαζόμουν. Ακόμα κι αυτό το ελαφρύ αλληθώρισμα την έκανε να μοιάζει απόμακρη, φανταστική, και τελικά ακόμα πιο όμορφη. Κι επιπλέον είχε κι ένα σώμα!...

Ήταν αιωνίως ερωτευμένη κι ευτυχισμένη απ' τον έρωτα. Εκείνη την ημέρα είχε ένα αέρινο, ανάλαφρο στιλ και σκέφτηκα ότι μάλλον μόλις θα είχε σηκωθεί απ' το κρεβάτι. Μου έδωσε δύο φρέσκα κι αρωματιστά φιλάκια, ένα σε κάθε μάγουλο, και μετά μου σύστησε το φίλο της.

«Από δω ο Τζιουλιάνο.»

«Χάρηκα, Κάρλο... Λοιπόν, πώς πάει;»

Η Τζιοβάνα έσκασε ένα υπέροχο χαμόγελο.

«Καλά, εσύ;»

Δεν ήθελα να της χαλάσω τη βραδιά με τα προβλήματά μου.

«Κι εγώ, μια χαρά.»

«Μια απ' αυτές τις μέρες θα σε φωνάξω, έχω πάρα πολλά πράγματα να σου διηγηθώ.»

«Ευχαρίστως.»

«Λοιπόν, εμείς φεύγουμε, γεια.»

«Καλή διασκέδαση.»

«Δεν κάνουμε και τίποτ' άλλο» είπε εκείνη μ' ένα χαμόγελο όλο νόημα. Πήρε το συνοδό της απ' το μπράτσο κι εξαφανίστηκαν κατεβαίνοντας τις σκάλες. Τυχερούλα! Τόσο όμορφη που ήταν, μπορούσε να ερωτεύεται όποιον ήθελε, κανείς δε θα μπορούσε να της πει όχι, ποτέ. Τουλάχιστον υπήρχε κάποιος που απολάμβανε τη ζωή του. Αυτό μ' ευχαριστούσε. Έφτασα στον τέταρτο όροφο λαχανιασμένος και εξαντλημένος, λες και ήμουν ογδόντα χρονών. Σκεφτόμουν να τσιμπήσω κάτι και μετά να πάω για ύπνο. Δεν έβλεπα την ώρα να ξαπλώσω, αλλά δυστυχώς οι αναποδιές δεν είχαν τέλος. Ο Φρεντ είχε επιστρέψει. Μαζί του ήταν κι η Τζιούζι, ακόμα πιο όμορφη απ' τη φωτογραφία και μ' ένα επιτηδευμένο στιλ που την έκανε ακόμα πιο ανήθικη. Φορούσε κάτι διαφανές, από μέσα τίποτα, και κόκκινες γόβες στιλέτο. Αλλά κατά βάθος φαινόταν κι εκείνη κοριτσάκι. Δεν είχα καμία διάθεση για διαμαρτυρίες, και της συστήθηκα. Η Τζιούζι μου έδωσε το χέρι της με τα μοβ νύχια, μου έκλεισε το μάτι και μετά κοίταξε τον Φρεντ.

«Δε μου είπες ότι είναι τόσο γλυκός.»

Ο Φρεντ έσβησε το τσιγάρο του κι άναψε αμέσως ένα άλλο, με ύφος σάτυρου. Είχε ακριβώς εκείνο το χαμόγελο που ήταν για χαστούκια, φαινόταν σχεδόν υπερήφανος για το μαυρισμένο μάτι του και το παραμορφωμένο στόμα του.

«Έλα, όμορφε, σύνελθε λίγο. Ψώνισα κι η Τζιούζι προσφέρθηκε να μαγειρέψει. Γι' αυτό άσε στην άκρη αυτό το ξινισμένο ύφος κι ας διασκεδάσουμε λιγάκι.»

Η σκέψη και μόνο ενός ωραίου, ζεστού δείπνου με χαλάρωσε.

«Πάω να ξαπλώσω για λίγο, και φωνάξτε με όταν θα ετοιμαστούν όλα.»

Στο άστρωτο κρεβάτι μου βρήκα ένα κόκκινο καπελάκι και κάτι μαύρα γάντια από βελούδο. Ούτε καν ξαφνιάστηκα, ήμουν κατάκοπος. Τα έβαλα όλα πάνω στην καρέκλα κι έπεσα με τα ρούχα μέσα απ' τα σκεπάσματα.

Ξύπνησα αναπνέοντας με μεγάλη δυσκολία και πετάχτηκα πάνω σαν ελατήριο. Η Τζιούζι ήταν ξαπλωμένη δίπλα μου και κατάλαβα ότι μου χάιδευε τ' αυτί με την άκρη των δαχτύλων της.

«Σε τρόμαξα, συγνώμη.»

«Όχι, δεν πειράζει, απλώς ονειρευόμουν.»

Ξανάπεσα πίσω, εξαντλημένος. Εκείνη πέρασε το χέρι της μέσα απ' τα μαλλιά μου.

«Τι ονειρευόσουν;»

«Τίποτα...»

Απ' την κουζίνα ερχόταν ο δελεαστικός ήχος από το καπάκι της κατσαρόλας που χοροπηδούσε. Η Τζιούζι μου τσίμπησε τη μύτη.

«Είναι όλα έτοιμα. Τι θα κάνεις, θά 'ρθεις;»

«Έρχομαι.»

Εκείνη γλίστρησε απ' το κρεβάτι και την κοίταζα καθώς απομακρυνόταν. Τα λαχταριστά μπούτια της που λικνίζονταν κυματιστά μου προκαλούσαν ναυτία. Πήγα στο μπάνιο να φτιαχτώ λίγο κι όταν μπήκα στο καθιστικό, νόμιζα ότι ονειρευόμουν. Το τραπέζι ήταν εκπληκτικά στρωμένο, είχε μέχρι και κέρια. Ο Φρεντ είχε καθίσει ήδη και παρακολουθούσε με τα υγρά μάτια του τις κινήσεις της Τζιούζι.

Ανακάλυψα για πρώτη φορά ότι μια πουτάνα μπορεί να μαγειρεύει καταπληκτικά. Ένα τέτοιο δείπνο ήταν αυτό ακριβώς που χρειαζόμουν. Αφέθηκα να πέσω στην καρέκλα, ηττημένος, αλλά ευτυχισμένος. Όπως ήταν αναμενόμενο, ήπιαμε πολύ, και σε λίγο ήμουν φανερά ανακουφισμένος, με καλύτερη διάθεση. Την ώρα του φρούτου αυτοί οι δύο είχαν ήδη αρχίσει να χαϊδεύονται κάτω απ' το τραπέζι. Μετά απ' το γλυκό πήγα και ξάπλωσα στον καναπέ.

«Φρεντ, μπορείς να μου δώσεις ένα τσιγάρο;»

«Φυσικά, γλυκέ μου.»

Μου το άφησε μαζί με τον αναπτήρα, το κάπνισα κοιτάζοντας κάτω απ' το τραπέζι τα πόδια της Τζιούζι, που είχαν ήδη κατακτηθεί απ' τα χέρια του Φρεντ. Μετά από λίγο ακολούθησε ο καθιερωμένος χορός. Εκείνη έβγαλε τα παπούτσια της κι άρχισε να κάνει διάφορες φιγούρες, που μπορούσαν ακόμα και νεκρούς ν' αναστήσουν. Ενώ έκανε κομπλιμέντα στον Φρεντ, μου έριχνε συνέχεια ματιές όλο υπονοούμενα. Μου χαμογελούσε και της χαμογελούσα κι εγώ. Ήταν πραγματικά μια κούκλα. Είχε κάτι αστραγάλους και κάτι ποδαράκια καταπληκτικά και λικνιζόταν σαν φίδι. Ο Φρεντ δυνάμωσε τη μουσική και η ηλικιωμένη του πάνω ορόφου άρχισε να χτυπάει το πάτωμα.

«Χαμήλωσέ το Φρεντ, η από πάνω θα μας φέρει την αστυνομία.»

Ο Φρεντ το χαμήλωσε και ήρθε κι έκατσε δίπλα μου, ενώ η Τζιούζι συνέχιζε να χορεύει με λικνίσματα ανατολίτισσας και με το ποτήρι στο χέρι. Εκείνος, αφού μου την έδειξε με ένα νεύμα και με πλησίασε, μου ψιθύρισε κάτι αναπνέοντας μπροστά στο πρόσωπό μου.

«Λοιπόν, κούκλε... τι λες για την Τζιούζι;»

«Πόσο θα σου κοστίσει;»

«Έτσι μπράβο! Αποφάσισες λοιπόν να το ρίξεις έξω, ε; Τι θέλεις, ν' αρχίσω να υπολογίζω τώρα πόσο θα μου κοστίσει;»

«Εσύ τι πρόβλημα έχεις; Άλλωστε τα δικά μου λεφτά ξοδεύεις.»

«Γιατί πάντα διυλίζεις τον κώνωπα; Ρίξ' το και λίγο έξω, επιτέλους.»

«Στην ουσία κι αυτή μικρό κοριτσάκι είναι.»

«Έλα τώρα, μην αρχίζεις τα ίδια... είναι μια...», δεν ολοκλήρωσε τη φράση του, άλλωστε δεν υπήρχε λόγος.

«Εγώ, πάντως, τις σέβομαι όλες» πρόσθεσε μ' ένα πλατύ, γοητευτικό χαμόγελο. Κοίταξα αυτή την καημενούλα την κοπέλα, που χόρευε ακόμα μόνη της λικνίζοντας το φιδίσιο κορμί της. Είχε δύο μεγάλα, μαύρα μάτια, που σε προσκαλούσαν να ονειρευτείς. Ήταν, σίγουρα, απλώς μια πουτάνα, αλλά είχε κάτι ιδιαίτερο, είχε κάτι ζωντανό ακόμα μέσα της, κι ήταν λυπηρό να έχει πέσει στα χέρια αυτού του άθλιου.

«Είναι μικρή ακόμα» είπα γι' άλλη μια φορά. Ο Φρεντ μου χτύπησε συνωμοτικά το πόδι και μετά μου έριξε μια φιλική τσιμπιά, που για μια στιγμή με έκανε ασυνείδητα να τον συμπαθήσω αυτόν τον ελεεινό τύπο. Ίσως ήταν κι η επιρροή από το αλκοόλ.

Ο Φρεντ επέστρεψε στην Τζιούζι και τη χόρεψε ένα βαλς αναμφισβήτητα πρόστυχο. Μετά από λίγο, την έσυρε στο δωμάτιό του κι έκλεισε την πόρτα. Όταν άκουσα τα πρώτα βογκητά, κινήθηκα αργά προς το δωμάτιό μου παίρνοντας μαζί και τη φορητή τηλεόραση. Αποκοιμήθηκα μπροστά στην τηλεόραση, όσο έβλεπα ένα ντοκιμαντέρ για τα μυρμήγκια και το μυαλό μου έκανε καταπληκτικά πετάγματα και συνειρμούς. Ξύπνησα στη μέση μιας ταινίας με τον Αμενταίο Νασάρι. Είχα μια διαβολική δίψα, ο λαιμός μου ήταν τραχύς σαν γυαλόχαρτο. Κοίταξα την ώρα. Ήταν δύο. Πήγα στην κουζίνα και κόλλησα το στόμα μου στη βρύση. Όταν επέστρεφα στο δωμάτιό μου, άκουσα κάτι σαν κλάμα, σαν να ήταν εκεί γύρω κανένα τραυματισμένο κουτάβι. Καμία σχέση με τα ερωτικά βογκητά της Τζιούζι. Κάνοντας το γύρο του σπιτιού, συνειδητοποίησα ότι ερχόταν απ' το πλατύσκαλο. Μισάνοιξα την πόρτα και βρέθηκα μπροστά σε μια Σαντίνα μες στο κλάμα. Είχε κουλουριαστεί στο χαλάκι της πόρτας με αγκαλιασμένα τα γόνατά της. Το σώμα της το τράνταζαν μικροί σπασμοί, που τους εκδήλωνε με τη μύτη της, ενώ το στόμα της που ακουμπούσε στα γόνατά της τα είχε γεμίσει με σάλια. Έσκυψα προς το μέρος της με μεγάλη προσπάθεια.

«Σαντίνα!»

«Θα μ' αφήσεις να μπω;»

«Έλα.»

Τη μάζεψα από κάτω κι εκείνη σηκώθηκε, σκουπίζοντας τη μύτη της μ' ένα μαντίλι που ήταν μούσκεμα απ' τα δάκρυα. Είχε ένα μώλωπα κάτω απ' το μάτι της και μερικές γρατζουνιές στα μάγουλα. Της ανασήκωσα το πρόσωπο με τα δυο μου δάχτυλα.

«Η μητέρα σου;»

Εκείνη κούνησε τους ώμους της. Μπήκε στο σπίτι κι έμεινε εκεί στο καθιστικό να κοιτάζει με περιφρόνηση κι αηδία το τραπέζι με τα υπόλοιπα απ' το δείπνο.

«Είναι τρία πιάτα.»

«Ναι, είναι τρία πιάτα.»

Σχεδόν το εισέπραξα σαν προσβολή, το τρίτο πιάτο θα μπορούσε να ήταν της κοπέλας μου, έτσι δεν είναι; Θα μπορούσε τουλάχιστον να με ρωτήσει. Το άφησα να περάσει, δεν ήταν η κατάλληλη στιγμή.

Εκείνη έτρεμε σαν να κρύωνε και προσπαθούσε να ζεσταθεί βάζοντας τα χέρια της κάτω απ' τις μασχάλες της.

«Πού είναι ο Φρεντ;»

«Γιατί δεν πας σπίτι σου, Σαντίνα; Ξέχνα τον Φρεντ, δε νομίζω ότι είναι για σένα.»

Η Σαντίνα ξανάρχισε να κλαίει. Εκείνη τη στιγμή ακούστηκε το ερωτικό βογκητό της Τζιούζι. Η Σαντίνα παρέλυσε. Την πήρα απ' το χέρι και την πήγα στο δωμάτιό μου. Αν και ήταν ανώφελο, έκρυψα κάτω από μια εφημερίδα το καπέλο και τα γάντια της Τζιούζι.

«Πίστεψέ με, Σαντίνα, πραγματικά λυπάμαι.»

Εκείνη ακούμπησε πάνω μου κι από βαθιά μέσα της βγήκε ένα γοερό, σπαρακτικό κλάμα. Την κράτησα σφιχτά στην αγκαλιά μου, όσο της χάιδευα τον ξανθό της σβέρκο, ενώ την ίδια στιγμή προσπαθούσα να νικήσω την επιθυμία μου να την πνίξω στα φιλιά. Εκείνη μ' έσπρωξε στο κρεβάτι, ανέβηκε πάνω μου, κι άρχισε ξανά να κλαίει πάνω στο στήθος μου. Μείναμε έτσι για μερικά λεπτά, εγώ μέσα σε μια κατάσταση ατέρμονης τρυφερότητας, εκείνη δεν ξέρω. Την είχε πιάσει λόξυγγας εκείνη τη στιγμή και σκούπιζε τη μύτη της στο πουκάμισό μου. Αλλά εμένα ακόμα κι αυτό μου άρεσε, ήταν η ρεβάνς που έπαιρνα. Το άρωμα των χρυσαφένιων μαλλιών της με ζάλιζε.

«Σαντίνα, θα σου περάσει γρήγορα, θα δεις.»

Επιστράτευσα όλες μου τις δυνάμεις, για να πνίξω την τρυφερότητα που ένιωθα και ν' αποφύγω πιο συγκεκριμένες εκδηλώσεις. Αισθανόμουν ότι την ήθελα πολύ, θα ήθελα να της εξασφαλίσω μια ευτυχισμένη ζωή. Της χάιδευα την πλάτη τρυφερά, τους ώμους με αργές, κυκλικές κινήσεις, για να κοιμηθεί. Την ακούμπησα απαλά στο κρεβάτι, της έβγαλα τα παπούτσια και τη σκέπασα. Δεν μπορούσα να κοιμηθώ κι αποφάσισα να το εκμεταλλευτώ για να δουλέψω λιγάκι, έτσι κάθισα στο τραπέζι εκεί δίπλα της. Κάθε τόσο την κοίταζα για να βεβαιωθώ ότι κοιμάται και μου φαινόταν ολοένα και πιο ήρεμη. Τελείωσα τη μετάφραση και της τελευταίας συνταγής γύρω στις τέσσερις. Σήκωσα και πάλι το βλέμμα μου. Εκείνη είχε ξυπνήσει και με κοιτούσε ξαπλωμένη στο μαξιλάρι και χαμογελαστή.

«Πόση ώρα κοιμάμαι;»

«Σχεδόν δύο ώρες.»

«Ευχαριστώ, είσαι πολύ καλός... Λυπάμαι για την προηγούμενη φορά.»

«Μην το σκέφτεσαι. Θέλεις να πας σπίτι σου;»

Σήκωσε το κεφάλι της και έτριψε τα μάτια της.

«Θα με πας;»

«Θα το 'θελα, αλλά δεν έχω αυτοκίνητο.»

Εκείνη σήκωσε αδιάφορα τους ώμους της.

«Σε λίγο ξεκινούν τα πρώτα λεωφορεία.»

Βγήκαμε στο δρόμο. Η πόλη ήταν ακόμα σκοτεινή κι ένα κρύο αεράκι μας χτυπούσε στο πρόσωπο. Εκείνη είχε πέσει πάνω μου, σαν πιστό κουτάβι. Δε θυμάμαι ποτέ να ήμουν τόσο καλά και συγχρόνως να νιώθω τόσο χαμένος. Δεκαέξι ετών. Δεν μπορούσε ούτε καν να συμπεριφερθεί σαν γυναίκα. Παρηγορήθηκα με τη σκέψη ότι θα μπορούσαμε να μείνουμε φίλοι. Τουλάχιστον φίλοι.

«Τι λες, Σαντίνα; Μπορούμε να 'μαστε φίλοι εμείς οι δύο, ε;»

Κούνησε το κεφάλι της καταφατικά και με φίλησε στο μάγουλο. Ένιωσα ένα κύμα ζεστασιάς σ' όλο μου το σώμα και μετά μια ψύχρα. Φίλοι; Ήταν μια ιδέα που δεν έστεκε.

«Σαντίνα, έχεις πρόβλημα να μου δώσεις ένα πραγματικό φιλί; Μόνο ένα...»

Στην επιστροφή το λεωφορείο ήταν άδειο κι ο οδηγός έπαιρνε τις στροφές λες και τον κυνηγούσαν. Ήμουν ευτυχισμένος και λυπημένος. Δεν έκανα τίποτ' άλλο απ' το να σκέφτομαι το φιλί της Σαντίνα. Δε μου το έδωσε αμέσως μόλις το ζήτησα. Σταμάτησε ξαφνικά σε μια τσιμεντένια αυλή, στη δική της γειτονιά και κλείνοντας τα μάτια της μου πρόσφερε το στόμα της.

«Εντάξει έτσι;»

«Μια χαρά.»

Ένα φιλί τρυφερότητας για κείνη, ένα φιλί απόγνωσης για μένα. Και μετά ακολούθησαν πολλά άλλα. Είχα ακόμα στα μάτια μου το χαμόγελό της. Ξανάβλεπα το ξανθό κεφάλι της και άγγιζα το στόμα μου σε μια προσπάθεια να ξαναζήσω πάλι αυτή τη φοβερή εμπειρία. Κοιτούσα τα χέρια μου, αυτά τα χέρια που λίγο πριν την κρατούσαν σφιχτά.

Ήμασταν εκατό μέτρα πιο πέρα απ' το σπίτι της, για να μη μας δει η μητέρα της. Η Σαντίνα μου έδωσε ένα τελευταίο φιλί στο στόμα, πολύ υγρό, υπέροχο. Είχα μείνει να την κοιτάζω καθώς έτρεχε στα βρόμικα πεζοδρόμια. Στο βάθος του δρόμου γύρισε, σηκώνοντας το χέρι της στον αέρα, για να με χαιρετήσει. Ίσως αύριο να μη θυμάται ούτε καν το πρόσωπό μου, σύντομα θα βρει κανένα νεαρό της γειτονιάς της να χαϊδολογιέται, ήταν φυσιολογικό, αλλά τουλάχιστον, απ' ότι φαινόταν, τον Φρεντ τον είχε ξεχάσει τελείως. Κατά βάθος το αποτέλεσμα ήταν καλό. Ακόμα κι όλα αυτά τα φιλιά ήταν υπέροχα.

Αποβλακωμένος όπως ήμουν, έκανα λάθος τη στάση και κατέβηκα στο Σαλβιατίνο. Ήμουν αναγκασμένος να κάνω ένα χιλιόμετρο με τα πόδια, αλλά δε μ' ένοιαζε. Ο καιρός εκείνη τη στιγμή έμοιαζε αναποφάσιστος μέχρι να καταλήξει στο σημερινό του ύφος.

Μπαίνοντας στο σπίτι, με χτύπησε μια μυρωδιά κλεισούρας κι άνοιξα διάπλατα τα παράθυρα του δωματίου μου. Οι δύο εραστές κοιμούνταν ακόμα. Έξω ήταν ακόμα σκοτάδι κι ο ουρανός ήταν γεμάτος αστέρια. Είχε περάσει πολύς καιρός από τότε που κοίταξα για τελευταία φορά τον ουρανό και το συνειδητοποίησα εκείνη τη στιγμή. Το φεγγάρι, τ' άστρα,... είναι καλό να τα κοιτάς κάθε τόσο. Κάπνισα δύο τσιγάρα καθισμένος στο μικρό καναπέ, κοιτάζοντας ψηλά με μια μελαγχολική διάθεση. Ο καπνός, σε πυκνά συννεφάκια, απομακρυνόταν αργά στον κρύο αέρα. Ένας γάτος νιαούριζε μέσα στο σκοτάδι, από κάποιο σημείο της αυλής. Ακόμα πιο μακριά ακουγόταν μια σειρήνα. Σκέψεις δίχως αρχή και δίχως τέλος... η ζωή, ο θάνατος... συνηθισμένα πράγματα. Έριξα τη γόπα στο κενό και πήγα να ξαπλώσω στο κρεβάτι, σβήνοντας όλα τα φώτα. Ακούμπησα με το χέρι μου το σεντόνι, στο σημείο που είχε κοιμηθεί εκείνη πριν, και μου φάνηκε ακόμα ζεστό. Μέσα στο σκοτάδι συνέχιζα να βλέπω το λαμπερό της πρόσωπο. Μου φαινόταν ότι είχα βυθιστεί μέσα στην πηγή της θλίψης, αλλά κατά βάθος ήμουν καλά. Κυρίως ήμουν ήρεμος. Ούτε καν η σκέψη του

Φρεντ δεν κατάφερνε να με ταράξει. Μου φαινόταν ότι είχα αρχίσει να καταλαβαίνω ποια είναι τα σημαντικά πράγματα στη ζωή μου. Ο Φρεντ δεν ήταν μέσα σ' αυτά.

Δεν κατάφερα να κοιμηθώ, έμεινα έτσι ξαπλωμένος να σκέφτομαι. Στις οκτώ ακριβώς σηκώθηκα και τηλεφώνησα στον εκδότη.

«Τελείωσα.»

«Ωραία!»

«Τι νομίζετε, θα με πληρώσετε αμέσως;»

«Μάλλον ναι.»

«Εντάξει, σε μισή ώρα θα είμαι εκεί.»

Η ιδέα ότι θα είχα ξανά έστω κι αυτά τα χρήματα στο πορτοφόλι μου, με γέμισε δύναμη. Ξυρίστηκα τραγουδώντας και βγήκα κρατώντας το χαρτοφύλακά μου κάτω απ' τη μασχάλη μου. Αισθανόμουν ολοένα και καλύτερα. Ήταν ένα λαμπερό, κρύο πρωινό κι ο ήλιος ξάπλωνε χαρούμενα στις στέγες των σπιτιών. Αποφάσισα να πάω με τα πόδια, δεν ήταν μακριά. Περνώντας δίπλα απ' το μανάβικο χαιρέτησα το σακάτη μανάβη, αλλά εκείνος δε με είδε, φαινόταν πολύ απασχολημένος με το να παρακολουθεί τα περιστέρια που γουργούριζαν στα περβάζια των παραθύρων. Επιτάχυνα το βήμα μου. Ο αέρας έμπαινε στο λαιμό μου ελαφρύς σαν φιλί. Μετά τη γέφυρα μπήκα στην οδό Μανέλι και μου φάνηκε υπέροχος αυτός ο δρόμος αυτή τη μέρα και κυρίως πολύ ζωντανός. Ακόμα και ο ήχος των τρένων, που τσούλαγαν κάνοντας ένα δαιμονισμένο θόρυβο πέρα απ' τον ψηλό και γκρίζο τοίχο, με γέμιζε ευδαιμονία. Οι άνθρωποι που συναντούσα στο δρόμο με κοιτούσαν στοργικά. Είδα δύο γυναίκες που θα μπορούσα να τις φιλήσω έτσι, χωρίς λόγο. Είχα πραγματικά πολύ καλή διάθεση. Μια φορά στο τόσο δεν έβλαπτε.

Ο εκδότης με υποδέχτηκε μ' ένα πλατύ χαμόγελο, με πλήρωσε αμέσως και μου ανέθεσε άλλη μια δουλειά. «Το εγχειρίδιο του καλού κηπουρού», τετρακόσιες σελίδες προς δέκα χιλιάδες η σελίδα, τελικό ποσό τέσσερα εκατομμύρια λιρέτες. Δεν μπορούσα να το πιστέψω και φυσικά σκεφτόμουν ότι τα φιλιά της Σαντίνα μού είχαν φέρει τύχη.

Αυτά τα λίγα χρήματα και η καινούργια δουλειά μού έδωσαν μια αίσθηση ελευθερίας, δε χρειαζόταν πια να ρίχνω την αξιοπρέπειά μου για ένα δείπνο. Γιόρτασα μ' ένα ωραίο πρωινό σχεδόν προκλητικά πλούσιο, με σάντουιτς και λουκουμάδες. Έφαγα πάρα πολύ και καλά, αδιαφορώντας για το νευριασμένο βλέμμα της μπαργούμαν. Ήπια με την ησυχία μου δυο σοκολάτες με κρέμα, καθισμένος σ' ένα τραπεζάκι και διαβάζοντας εφημερίδα. Κάπνισα μακάρια ένα τσιγάρο, μετά άφησα είκοσι χιλιάδες στο πιατάκι του ταμείου κι έφυγα. Έκανα μια μικρή βόλτα για να χωνέψω, κοιτάζοντας το βαθυγάλαζο ουρανό. Σταμάτησα στην οδό Μπιάτζι για να πληρώσω τον κρεοπώλη, που του ζήτησα και μου έβαλε και δυο ωραία μπιφτέκια. Αγόρασα τσιγάρα, ψωμί, σοκολάτα, και γύρισα σπίτι. Στην είσοδο της πολυκατοικίας συνάντησα την κυρία Ατιλία, που μου χαμογέλασε.

«Καλημέρα κύριε Κάρλο, λοιπόν πείτε μου, τα βρήκατε με το φίλο σας;»

«Τι να βρήκα;»

Δεν καταλάβαινα για τι πράγμα μιλούσε, ούτε γιατί έπρεπε να τα βρω, ούτε γιατί έπρεπε να της το πω. Η κυρία Ατιλία έγειρε το ρυτιδωμένο πρόσωπό της που θύμιζε χωριατοπούλα, κουνώντας πονηρά το κατακόκκινο απ' το κραγιόν στόμα της.

«Μα ναι, ο φίλος σας μου είπε ότι είχατε μια αντιπαράθεση απόψεων... Συμπαθητικός είναι, ε; Αν ήμουν είκοσι χρόνια μικρότερη...», και μου έδωσε μια αγκωνιά στα πλευρά. Ήταν πολύ ενοχλητικό όλο και κάποιος να μου υπενθυμίζει την παρουσία του Φρεντ, αλλά αυτοί οι συνεχείς υπαινιγμοί για τη δήθεν στενή σχέση μας μου έδιναν χειρότερα στα νεύρα. Κι η καλή μου διάθεση άλλαξε ραγδαία.

«Κυρία Ατιλία, γιατί συνεχίζετε να σκέφτεστε ότι εγώ και αυτό το ανθρωποειδές είμαστε εραστές; Σας το έχω πει εκατό χιλιάδες φορές, είμαι με μια γυναίκα με την οποία κοιμάμαι τακτικά, αυτό να το βάλετε καλά στο κεφάλι σας.»

Εκείνη έδειξε προσβεβλημένη. Έβλεπα κιόλας να πέφτουν στο κενό τα κρεμμύδια και τα σκόρδα, τα δωράκια που μου έκανε συνήθως.

«Α, μα εσείς είστε πολύ οξύθυμος!»

«Δεν είναι αυτό, εάν κάτι δεν είναι αλήθεια, δεν είναι αλήθεια, τελεία και παύλα! Δε θα 'θελα αυτή η ιστορία να πάρει μάκρος, θα πρέπει να ξεκαθαρίσει αμέσως. Μου αρέσουν οι γυναίκες, αυτό είναι, κι αν κάποιος πιστεύει ότι μου αρέσουν οι άντρες...»

«Κατάλαβα, κατάλαβα, μη συνεχίζετε!»

«Προσπαθείστε να καταλάβετε, είναι σαν να σας έλεγα ότι εσείς..»

«Μην αρχίζετε πάλι μ' αυτή την ιστορία της Αφρικής!»

Μ' άφησε στην πόρτα κι έφυγε κουνώντας τον τεραστίων διαστάσεων ποπό της. Εξοργίστηκα. Δεν είναι ότι δεν μπορούσα χωρίς την κυρία Ατιλία και χωρίς τα φανταστικά της κρεμμύδια, αλλά η ιδέα και μόνο ότι η εμφάνιση του Φρεντ στη ζωή μου θα διέλυε ό,τι υπήρχε γύρω μου μ' εκνεύριζε φοβερά. Κι επιπλέον η συγκατοίκηση στην ίδια πολυκατοικία με τόσους ετερόκλητους τύπους ανθρώπων ήταν ένα πολύ λεπτό ζήτημα, ένα είδος τέχνης. Σιχαίνομαι να ξέρω ότι αυτή του ισογείου με μισεί ή ότι ο τύπος του διπλανού διαμερίσματος με περιφρονεί. Με ξέρω καλά, πιστεύω στον εαυτό μου πιο πολύ μέσα απ' τα μάτια των άλλων παρά μέσα απ' τα δικά μου, κι αν κάποιος με απεχθάνεται, τελικά νιώθω φοβερά άβολα, ιδιαίτερα αν μένει μόλις μερικά μέτρα από μένα. Αυτό το ντελίριο τού να θέλω να μ' αγαπά όλος ο κόσμος μού είχε περάσει εδώ και λίγο καιρό, αλλά παρ' όλα αυτά θα προτιμούσα να τα 'χω καλά με τους γύρω μου και -γιατί όχι;- να παίρνω και κρεμμύδια για δώρο. Αυτά σκεφτόμουν καθώς ανέβαινα αργά τις σκάλες.

Ήταν περασμένες έντεκα κι άκουσα την Τζιοβάνα να κατεβαίνει. Σταμάτησα για να την περιμένω, χαρούμενος που θα γελούσε επιτέλους το χειλάκι μου. Την είδα να εμφανίζεται στην κορυφή του πλατύσκαλου, πανέμορφη, μ' ένα εκπληκτικό παντελόνι, γεμάτη αυτοπεποίθηση μέσα στις γυαλισμένες μπότες της. Κατέβαινε τα σκαλιά με σταθερό ρυθμό, χτυπώντας τα τακούνια της δυνατά. Ήταν μόνη της. Της χαμογέλασα όπως πάντα. Σήκωσα και το χέρι μου να τη χαιρετήσω. Εκείνη με προσπέρασε χωρίς ούτε καν να με κοιτάξει, ενώ το πρόσωπό της ήταν σκληρό κι ανέκφραστο. Από ένστικτο κατέβηκα ένα σκαλί πίσω από κείνη, μόνο ένα, μετά σταμάτησα.

«Τζιοβάνα...»

Καμία απάντηση. Μ' έσπρωξε απ' τα κάγκελα.

«Τζιοβάνα!»

Τίποτα. Ήταν ήδη δύο κεφαλόσκαλα πιο κάτω.

«Τζιοβάνα! Τι σ' έπιασε;»

Η φωνή μου αντήχησε απ' το κλιμακοστάσιο στους πάνω και τους κάτω ορόφους, αλλά εκείνη τίποτα, δεν απάντησε. Καλά, σκέφτηκα, ακόμα κι αυτοί που απολαμβάνουν τη ζωή πότε πότε έχουν τα νεύρα τους. Συνέχισα ν' ανεβαίνω, πικραμένος. Πρώτα η κυρία με τα κρεμμυδάκια, τώρα η Τζιοβάνα. Αλλά ευτυχώς υπήρχε η Σαντίνα, εκείνη θα μ' έσωζε, ξανθιά και εύθραυστη, με την καρδούλα της να ξεχυλίζει από ατελείωτη αγάπη, να μου δίνει φιλιά πατώντας στα νύχια των ποδιών της. Τη σκέφτηκα κι αισθάνθηκα αμέσως καλύτερα, αν και ήμουν κάπως αναστατωμένος. Αλλά ίσως να ήταν μόνο από την κούραση. Ήμουν πτώμα.

Μπήκα στο σπίτι και τα βρήκα όλα έτσι όπως τ' άφησα. Ό,τι είχε απομείνει απ' το δείπνο ήταν ακόμα εκεί, όλα αραδιασμένα πάνω στο τραπέζι, οι γόπες μέσα στις φλούδες των μήλων. Απ' το δωμάτιο του Φρεντ δεν ακουγόταν τίποτα. Αλλά οι δύο αμαρτωλοί ήταν στο σπίτι, το κόκκινο παλτό της Τζιούζι ήταν ακόμα στην κρεμάστρα και το βρομερό μπουφάν του Φρεντ πεταμένο σε μια καρέκλα. Αυτή η ησυχία μου έκανε καλό. Σχετικά χαρούμενος, έβαλα στο γραφείο μου «Το εγχειρίδιο του καλού κηπουρού». Το κοίταξα έντονα· αυτό ήταν το ψωμί και οι λογαριασμοί μου.

Έφτιαξα ένα χαμομήλι με μέλι και το ήπια καθισμένος στην κουζίνα μπροστά στο παράθυρο, κοιτάζοντας αυτό το ελάχιστο κομμάτι ουρανού που φαινόταν πάνω απ' τις γκρίζες ταράτσες των πολυκατοικιών. Σε κάθε γουλιά αισθανόμουν όλο και μεγαλύτερη γαλήνη, μια αίσθηση που έβγαινε σχεδόν από μέσα μου, σταγόνα σταγόνα, όπως το νερό που ξεχειλίζει απ' το σφουγγάρι. Έβγαλα απ' τη μνήμη μου τα τελευταία συμβάντα με την Ατιλία την Αφρικάνα και στη θέση τους ήρθε πάλι κι εγκαταστάθηκε η Σαντίνα, μ' αυτά τα αδύνατα ποδαράκια της, με το αποφασιστικό και συνάμα ανασφαλές βήμα της. Στο σκοτάδι της ζωής μου εκείνη εμφανίστηκε σαν άστρο. Έτριψα τα μάτια μου με δύναμη, με πονούσαν. Σκέφτηκα ότι αν δεν ήταν ο Φρεντ, δεν θα υπήρχε ούτε κι εκείνη. Ίσως και να μην την είχα γνωρίσει ποτέ.

Ακόμα κι εκείνη ήταν δώρο αυτού του κτήνους, αν και έμμεσα. Τα έβαλα όλα πάνω στη ζυγαριά κι αυτό που βάραινε περισσότερο και με διαφορά ήταν η Σαντίνα. Ήμουν σίγουρος γι' αυτό, καλύτερα εκείνη κι ο Φρεντ παρά κανένας απ' τους δύο. Κατάφερα ακόμα και να νιώσω ένα είδος ευγνωμοσύνης γι' αυτόν τον μπάσταρδο, αλλά σε καμία περίπτωση δεν θα του το έλεγα, δεν το άξιζε. Στην ουσία εκείνος ήταν η αιτία που τα έζησα όλα αυτά. Κι επιπλέον η υπόθεση της Σαντίνα μπορούσε να εξελιχθεί σε καταστροφή. Ίσως αύριο, με τη σκέψη της, να υπέφερα σαν σκυλί, και ίσως μετά από λίγο καιρό να καταριόμουν αυτό το γουρούνι τον Φρεντ που την είχε φέρει σπίτι μου. Αλλά την ανάμνηση των απαλών, γλυκών φιλιών της δεν μπορούσε να μου τη στερήσει κανένας πια...

Από την ακανόνιστη ροή των σκέψεών μου κατάλαβα ότι ήμουν πάρα πολύ κουρασμένος. Έκλεισα καλά το παράθυρο, γδύθηκα κι έπεσα για ύπνο. Δε μ' άρεσε καθόλου να κοιμάμαι την ημέρα, υπήρχε κίνδυνος να ξυπνήσω τ' απόγευμα τελείως αποπροσανατολισμένος σχετικά με το χρόνο. Ήμουν διαλυμένος, κι ένας κουρασμένος εγκέφαλος είναι πάντα επικίνδυνος, στρέφεται εναντίον σου σαν να 'ναι ο χειρότερός σου εχθρός. Η διάθεσή μου είχε αλλάξει για άλλη μια φορά, αισθανόμουν ότι η κατάθλιψη κέρδιζε έδαφος. Δεν μπορούσα να το επιτρέψω αυτό στον εαυτό μου, έπρεπε να δουλέψω. Θα ήθελα να κοιμηθώ είκοσι τέσσερις ώρες συνέχεια, βλέποντας το ίδιο όνειρο... τη Σαντίνα να σταματάει και με κλειστά μάτια να μου προσφέρει το στόμα της ανάμεσα σ' αυτές τις απαίσιες πολυκατοικίες, μες στην παγωνιά, κάτω από έναν ουρανό γεμάτο αστέρια. Αποκοιμήθηκα σχεδόν αμέσως. Στ' αυτιά μου είχα το γλυκό θόρυβο ενός καρνάγιου.

Μέσα στο σκοτάδι του ονείρου μου είδα τη Σαντίνα να μπαίνει στο δωμάτιο και να πλησιάζει το κρεβάτι μου, θαμπή και συγκεχυμένη σαν μια σκιά, να σκύβει από πάνω μου σαν τη μέλισσα πάνω στο λουλούδι. Στα όνειρα μπορεί να ζήσεις πράγματα που αποκλείεται να συμβούν στην πραγματικότητα, ο χρόνος μεγαλώνει ή μηδενίζεται, ο φυσικός κόσμος ή ο συναισθηματικός αναμειγνύονται, οι αισθήσεις αποκτούν καινούργιες δυνατότητες... Σ' αυτόν το μαγευτικό κόσμο άπλωσα το χέρι μου στη Σαντίνα, σαν να ήθελα ν' αγγίξω την παιδική, αγνή ψυχή της, και μου φάνηκε ότι με τα δάχτυλά μου έπιασα κάτι υπαρκτό.

«Σαντίνα...»

Η σκιά γλίστρησε στο κρεβάτι μου και την αισθάνθηκα να παίρνει μορφή δίπλα στο δικό μου κορμί. Ήταν η Τζιούζι, αρωματισμένη και εντελώς γυμνή.

«Σσς, έψαχνα το καπέλο μου, το είδες;» και εν τω μεταξύ είχε κολλήσει πάνω μου.

«Είχα επίσης και κάτι γάντια...»

Ήμουν ζαλισμένος απ' τον ύπνο κι απ' τη βαριά κι επιτηδευμένη μυρωδιά της.

«Λοιπόν... διασκεδάσατε;»

«Τέλος πάντων...»

«Τζιούζι τι κάνεις;»

«Πόσες τρίχες έχεις!»

«Όχι, έλα τώρα.»

Εκείνη γέλασε, λες και παίζαμε, γαργαλιόμαστε, μετά άλλαξε τόνο.

«Χάιδεψέ με λίγο.»

Κουλουριάστηκε ολόκληρη κι έκρυψε το πρόσωπό της στο στήθος μου. Μύριζε σεξ. Με το ένα μου χέρι τής χάιδευα τα μαλλιά και με το άλλο τής έκανα μασάζ στο σβέρκο. Εκείνη κουλουριαζόταν ολοένα και περισσότερο, με κρατούσε σφιχτά και ξαφνικά ένιωσα ζεστές σταγόνες στην πλάτη μου. Την αγκάλιασα δυνατά, πολύ δυνατά.

«Τζιούζι, δεν είσαι καλά;»

Κούνησε το κεφάλι της, δεν μπορούσε να μιλήσει. Της σήκωσα το πρόσωπο απαλά, άρχισα να της δίνω φιλάκια στα μάτια, τη μύτη και στο τέλος εκείνη ξέσπασε σε αναφιλητά. Το κλάμα της ήταν παιδικό και έντονο. Ένιωσα να παίρνει το πόδι μου ανάμεσα στα δικά της, τρίβοντάς το με απόγνωση κι απ' το λαιμό της έβγαινε ένα κλαψούρισμα σαν ζώου. Έψαχνα λέξεις για να της μιλήσω, αλλά δε μου ερχόταν τίποτα, κατάφερνα μόνο να τη χαϊδεύω τρυφερά στην πλάτη. Είχε το στιλπνό δέρμα των μωρών, και η θλίψη μου έγινε ακόμα πιο έντονη. Κάτω από το άρωμα που φορούσε, μύριζα κάποιες στιγμές την πραγματική της μυρωδιά, που μου θύμιζε τη θάλασσα. Δεν μπορούσα να κάνω τίποτα. Μπορούσα μόνο να μην κάνω, κι ίσως αυτό να ήταν ήδη αρκετό. Μείναμε έτσι. Εκείνη αποκοιμήθηκε με το πρόσωπό της πάνω στο στήθος μου, ενώ εγώ σκεφτόμουν το θάνατο.

Το απαλό τικ τακ του ρολογιού άρχισε να κυριαρχεί στο κεφάλι μου εμποδίζοντάς με να βάλω τις σκέψεις μου σε μια τάξη. Η Τζιούζι κάθε λίγο πεταγόταν και μέσα στον ύπνο της ψιθύριζε κάτι ακατανόητο. Ξαφνικά ξύπνησε, σήκωσε το κεφάλι της μ' ένα τίναγμα σαν να μην καταλάβαινε πού ήταν. Έβαλε τα χέρια της πάνω μου, σαν να ήθελε να με διώξει, μετά άφησε έναν αναστεναγμό και έπεσε πάλι πίσω.

«Κοιμήθηκα;»

«Λιγάκι.»

«Πόσο;»

«Δεν ξέρω, ίσως καμιά ώρα.»

Σήκωσε πάλι το κεφάλι της κι άρχισε να ψάχνει το στόμα μου. Ένα μόνο φιλί, με άρωμα ύπνου, μακρύ αλλά απαλό κι ευαίσθητο. Ένα ωραίο φιλί. Μετά άφησε το πρόσωπό της να κυλήσει στο στήθος μου.

«Πρέπει να φύγω.»

«Θέλεις να σε συνοδεύσω;»

«Μπορώ και μόνη μου.»

«Δεν το είπα γι' αυτό.»

Μείναμε για λίγο κρυμμένοι μες στο σκοτάδι και στη σιωπή. Οι αναπνοές μας είχαν διαφορετικούς ρυθμούς. Μετά εκείνη είπε: «Τι ώρα να 'ναι;»

«Δεν ξέρω.»

«Μπορώ ν' ανάψω το φως;»

Η ιδέα ν' αντικρύσω την πραγματικότητα με άγχωνε, θα ήθελα να μη δω τίποτα, για να έχω μόνο τις μυρωδιές και τους ήχους να θυμάμαι.

«Άναψε αυτό το μικρό.»

Εκείνη κατέβηκε απ' το κρεβάτι και μέσα στο ημίφως είδα τη γυμνή σιλουέτα της να προχωράει ψηλαφίζοντας το γραφείο.

«Εντάξει αυτό;»

Άναψε το φως κι από ένστικτο αγκάλιασε το στήθος της. ΄Εμεινε για λίγο έτσι εκεί ακίνητη κι αχτένιστη, να μου χαμογελάει. Τα μάτια της από κάτω είχαν πασαλειφτεί από μαύρο ρίμελ. Πλησίασε κι έκατσε στην άκρη του κρεβατιού.

«Σε λέρωσα παντού», κι έδειξε τη μαυρισμένη μου πλάτη. ΄Εγλειψε το δάχτυλό της και μου καθάρισε το δέρμα, συγκεντρωμένη και σοβαρή σ' όλη τη διάρκεια της προσπάθειάς της.

«Εντάξει, έτοιμος.»

Μου χάρισε ένα γρήγορο χαμόγελο και μετά σηκώθηκε. Βγήκε απ' το δωμάτιο και μετά από λίγα λεπτά γύρισε ντυμένη, χτενισμένη και με πλυμένο το πρόσωπο. Κρατούσε τα παπούτσια της στο χέρι και τ' ακούμπησε δίπλα απ' την πόρτα.

«Το καπελάκι μου;»

Της έδειξα την καρέκλα, εκείνη σήκωσε την εφημερίδα και πήρε τα πράγματά της. ΄Εβαλε το καπέλο και τα γάντια της και πήγε να κοιταχτεί στα κλειστά τζάμια του παράθυρου, κάνοντας τις απαραίτητες διορθώσεις. Είδα ότι έκανε μορφασμούς λες και δεν την ικανοποιούσε η εικόνα της. Αυτό δεν μπορούσα να το επιτρέψω.

«Είσαι πάρα πολύ όμορφη.»

«Είμαι τέρας.»

Στράφηκε προς το μέρος μου και χαμογέλασε, αφήνοντας έτσι να φανούν μια σειρά μικρά και πολύ άσπρα δόντια, αστραφτερά κάτω απ' το κουρασμένο στόμα της. Τα μάτια της ήταν θλιμμένα. Έμοιαζε πραγματικά με κοριτσάκι, βέβαια στην ουσία ένα κοριτσάκι ήταν.

«Τζιούζι πόσων χρονών είσαι;»

«Σε μία εβδομάδα θα συμπληρώσω τα είκοσι δύο.»

«Είκοσι δύο...» επανέλαβα. Άπλωσα το χέρι μου, για να πάρω ένα τσιγάρο απ' το κομοδίνο, αλλά τελικά ήταν πολύ μακριά και το άφησα. Εκείνη πλησίασε κι άναψε δύο.

«Θα μπορούσα να καλέσω ένα ταξί;»

Της έδειξα το τηλέφωνο που ήταν θαμμένο κάτω από διάφορα χαρτιά. Σχημάτισε τον αριθμό και μετά με ρώτησε τη διεύθυνση. Την επανέλαβε στο τηλέφωνο ψιθυριστά, περίμενε την απάντηση και μετά έκλεισε.

«Θα έρθει σε δύο λεπτά... Το ξέρεις ότι είσαι περίεργος;»

Το έλεγε σαν κομπλιμέντο. Εγώ χαμογέλασα. Δεν ήταν η πρώτη φορά που μου έλεγε κάτι τέτοιο μια γυναίκα, αλλά σχεδόν πάντοτε εννοούσαν κάτι διαφορετικό.

«Πραγματικά δεν θέλεις να σε συνοδεύσω; Έτσι κι αλλιώς εγώ δεν κοιμάμαι.»

Κούνησε αρνητικά το κεφάλι της και μετά σήκωσε το χέρι της, για να με χαιρετήσει.

«Λοιπόν, γεια.»

«Γεια.»

Θα ήθελα να της πω ότι μπορούσε να ξανάρθει όποτε ήθελε, ότι μπορούσε να υπολογίζει σε μένα, και να μην το βάζει κάτω έτσι εύκολα, αλλά τελικά δεν είπα τίποτα. Ούτε καν της είπα «χρόνια πολλά» για τα γενέθλιά της. Είχα ακόμα περιθώριο λίγα δευτερόλεπτα, για να διορθώσω την κατάσταση. Εκείνη μισάνοιξε το στόμα σαν να 'θελε να πει κάτι, αλλά τελικά απλώς αναστέναξε. Μετά πλησίασε στο γραφείο.

«Να το σβήσω;»

«Άσ' το έτσι.»

Πήρε τα παπούτσια στο χέρι της και βγήκε σιωπηλά. Άκουσα την πόρτα του σπιτιού να κλείνει κι άναψα άλλο ένα τσιγάρο.

Ξύπνησα το επόμενο πρωί, γύρω στις επτά. Ήμουν σε πλήρη σύγχυση, αλλά αισθανόμουν ξεκούραστος. Θα μετέφραζα μέχρι τις δύο. Ήταν αρκετό. Το εγχειρίδιο αυτό ήταν πολύ αναλυτικό. Μου φαινόταν ότι ήδη μπορούσα να γίνω κηπουρός. Όταν δούλευα δε σκεφτόμουν, αλλά μόλις τράβηξα το βλέμμα μου απ' το βιβλίο, με ξανάπιασε αυτή η φοβερή θλίψη. Κι επιπλέον ήταν Κυριακή απόγευμα, η πιο μελαγχολική ώρα της βδομάδας. Σκεφτόμουν την Τζιούζι και τη Σαντίνα και αισθανόμουν πιο μόνος από ποτέ. Τις φανταζόμουν τη μία δίπλα στην άλλη, δύο φτωχά πλάσματα τόσο όμοια κι όμως τόσο διαφορετικά. Αντίθετα, όταν σκεφτόμουν τον Φρεντ, μου ερχόταν να μ' αρχίσω στα χαστούκια. Εκείνο το πρωινό ο ένοικός μου είχε φύγει νωρίς και μου είχε αφήσει ένα σημείωμα στον καθρέφτη του μπάνιου: *«Μη με περιμένεις, θ' αργήσω να γυρίσω, Φρέντι»*. Μια ολόκληρη μέρα ησυχίας. Έπρεπε να το εκμεταλλευτώ. Σκέφτηκα να καλέσω κάποιον για δείπνο, ίσως μια γυναίκα, μάλλον μια γυναίκα. Άρχισα να ψάχνω στον κατάλογό μου νιώθωντας ακόμα πιο μόνος. Στο Τ σταμάτησα και το βλέμμα μου έπεσε στο τηλέφωνο της Τζούλια. Γιατί όχι; Πριν πολλά χρόνια ήμασταν μαζί για κάποιους μήνες. Είχα πάρα πολύ καιρό να μάθω νέα της. Ήταν μια κοπέλα πολύ γλυκιά και έξυπνη. Πάντοτε ήθελα και μου ήταν ευχάριστο να τη βλέπω, έτσι, ακόμα και για ν' ανταλλάξουμε δυο κουβέντες. Της τηλεφώνησα. Είχα τρακ σαν μικρό παιδάκι. Καλούσε και κράτησα την ανάσα μου.

«Λέγετε;»

Ήταν εκείνη, τη γνώρισα αμέσως, είχε συνηθισμένη φωνή, ζεστή και λίγο βραχνή. Ένιωσα ένα ρίγος στο πρόσωπο.

«Τζούλια...»

«Ποιος είναι;»

«Δε μ' αναγνώρισες; Εγώ είμαι, ο Κάρλο, τι κάν...»

Έκλεισε το τηλέφωνο δίχως να πει λέξη. Αλλά δεν μπορεί, δεν είναι δυνατόν, ίσως να έπεσε η γραμμή. Με την καρδιά μου έτοιμη να σπάσει, ξανασχημάτισα το νούμερο. Άκουσα ότι το σήκωσαν, αλλά κανένας δε μιλούσε.

«Τζούλια, εσύ είσαι;»

Η ίδια αντιμετώπιση, ένα κλικ απαλό, αλλά αποφασιστικό. Ένιωθα ταπεινωμένος, λες κι αυτό το κλικ ήταν η τελική άποψη όλου του κόσμου για μένα. Ίσως δεν είχα συμπεριφερθεί καλά στην Τζούλια, αλλά είχαν περάσει πολλά χρόνια από τότε..., θα μπορούσε να το είχε ξεχάσει, έτσι δεν είναι; Κι επιπλέον στην ουσία δεν ήθελα τίποτα, απλώς να καλέσω μια κοπέλα για δείπνο, για να μην είμαι μόνος μου. Αλλά ίσως και να είχε δίκιο, κάποια πράγματα δεν ξεχνιούνται έτσι εύκολα. Κοκκίνισα σαν να ήμουν μπροστά σε κοινό, και προσπάθησα να επαναστατήσω. Κάπως έπρεπε να επιβιώσω κι εγώ. Απομάκρυνα τη ντροπή μου με απλές και σύντομες δικαιολογίες, λέγοντας στον εαυτό μου ότι εκείνη την εποχή ήμουν απλώς πιο ανώριμος, ίσως και ηλίθιος. Ένιωσα να με κυριεύει ένα αίσθημα σκληρότητας και περηφάνιας, στην ουσία με τη Σαντίνα και την Τζιούζι ήταν διαφορετικά, γι' αυτές ήμουν βελτιωμένη έκδοση αρσενικού. Και στο κάτω κάτω και τι έγινε; Τίποτα. Η Τζούλια δεν ήθελε να με δει, αυτό ήταν όλο.

Συνέχισα να ψάχνω στον κατάλογο, περνώντας στα γρήγορα ονόματα και προσπαθώντας να θυμηθώ φάτσες. Στο Μ σταμάτησα κι ένιωσα να με πλημμυρίζει ένα κύμα χαράς.

«Μαρίνα!»

Κι από κείνη είχα πάρα πολύ καιρό να μάθω νέα. Ίσως να είχε αλλάξει νούμερο. Εκείνη σίγουρα δε θα μου έκλεινε το τηλέφωνο, ήταν από τις γυναίκες που ξέρουν να συγχωρούν και να ξεχνούν, ήμουν σίγουρος. Και ήταν πολύ γλυκιά. Πιο πολύ απ' την Τζούλια!

Δοκίμασα να της τηλεφωνήσω. Είχε τηλεφωνητή. Η φωνή ήταν χωρίς αμφιβολία η δική της: «Γεια σας. Αφήστε το μήνυμά σας και μόλις μπορέσω, θα σας καλέσω.» Έκλεισα πριν απ' το μπιπ, μετά ξανάφερα στο μυαλό μου τη φωνή και το πρόσωπό της και ξανακάλεσα, με μια έτοιμη φράση στο μυαλό μου, κατάλληλη για την περίσταση. Πήρα μια βαθιά ανάσα.

«Είμαι ο Κάρλο. Με θυμάσαι; Ήθελα να ξέρω εάν έχεις πρόβλημα να φάμε μαζί απόψε. Εάν θέλεις, τηλεφώνησέ μου. Γεια.»

Έκλεισα λες και είχα αναδυθεί από μια άπνοια, συγκινημένος σαν μωρό παιδί. Συνειδητοποίησα ότι δεν της είχα αφήσει το τηλέφωνό μου και ξανακάλεσα.

«Πάλι εγώ είμαι. Συγνώμη, σου αφήνω το νούμερο του τηλεφώνου μου...»

Εντάξει. Αναρωτιόμουν αν όλη αυτή η αναστάτωση που ένιωθα σήμαινε ότι ήμουν ακόμα ερωτευμένος μαζί της, αλλά δεν μπόρεσα να καταλήξω. Σίγουρα χαιρόμουν με την ιδέα να την ξαναδώ, πάρα πολύ. Ξάπλωσα στον καναπέ κι άρχισα να σκέφτομαι την εποχή που ήμασταν μαζί. Την είχα τρελάνει με τις νευρώσεις μου, και μετά από λίγους μήνες με σούταρε εντελώς ξαφνικά. Μου πήρε αρκετό καιρό να την ξεπεράσω, κυρίως από εγωισμό. Ποιος ξέρει αν ήταν με κάποιον τώρα. Χτύπησε το τηλέφωνο, πετάχτηκα όρθιος και στάθηκα δίπλα απ' τη συσκευή, αλλά απάντησα μετά το πέμπτο χτύπημα, γιατί αν ήταν η Μαρίνα, δεν ήθελα να καταλάβει ότι περίμενα πάνω απ' το τηλέφωνο.

«Ναι;»

«Εσύ είσαι Φρεντ;»

Μια άσχημη αντρική φωνή που μίσησα μ' όλη τη δύναμη της καρδιάς μου.

«Ποιος είναι παρακαλώ;»

«Ναι; Είναι εκεί ο Φρεντ;»

«Μπορείτε να μου πείτε ποιος είστε;»

«Ο πρίγκιπας του Μπιζάντσιο.»

«Ναι;»

«Είναι εκεί ο Φρεντ;»

«Όχι.»

Ήμουν έτοιμος να κλείσω, αλλά η φωνή συνέχισε.

«Πότε θα επιστρέψει ο κύριος;»

Έβγαζα καπνούς απ' τα αυτιά, αλλά προσπάθησα να επιστρατεύσω όλη μου την υπομονή.

«Δεν έχω την παραμικρή ιδέα.»

«Α ναι, ε; Λοιπόν θα ήθελα ν' αφήσω ένα μήνυμα.»

«Πείτε μου.»

«Έχετε χαρτί και μολύβι;»

«Δεν πιστεύω να είναι μέγαλο, έτσι; Περιμένω ένα σημαντικό τηλεφώνημα.»

«Γράψτε το εξής: Ο πρίγκιπας των βατράχων έκανε εγχείρηση αμυγδαλών. Θα καταλάβει εκείνος... το γράψατε;»

Δεν άντεχα πια άλλες μαλακίες.

«Βέβαια... εγχείρηση αμυγδαλών... Αυτό είναι όλο;»

«Γράψτε κι αυτό: Πρέπει να κάνει πολύ γρήγορα μια τρύπα στο νερό. Θα καταλάβει εκείνος. Το γράψατε όλο;»

«Όλο.»

«Ωραία.»

Έκλεισε χωρίς να πει ούτε ένα ευχαριστώ. Για να μην αρχίσω να ουρλιάζω, ξέσπασα σε γέλια. Έπεσα πάλι στον καναπέ με την ελπίδα να μπορέσω να κοιμηθώ. Κι έτσι έγινε.

Με ξύπνησε το τηλέφωνο στις έξι. Έψαξα στα τυφλά το ακουστικό προσπαθώντας να βγάλω τον ύπνο απ' τη φωνή μου.

«Ναι, λέγετε;»

«Κάρλο;»

Ήταν εκείνη, η Μαρίνα. Είχα συγκινηθεί, σχεδόν δεν ανέπνεα.

«Μαρίνα! Τι κάνεις;»

«Πήρα το μήνυμά σου. Καλά είμαι εγώ.»

«Τι λες για σήμερα;»

«Με κάλεσες σε δείπνο ή κάνω λάθος;»

«Όχι, όχι, πολύ καλά κατάλαβες.»

«Θα με βγάλεις έξω;»

«Σκεφτόμουν να κάτσουμε σπίτι μου, τι λες;»

«Δεν έχω κανένα πρόβλημα.»

«Συγνώμη που σε ρωτάω... είσαι με κανέναν;»

«Σχεδόν.»

Δεν καταλάβαινα. Για μένα σ' αυτές τις περιπτώσεις ή ήσουν ή δεν ήσουν... Τι σημαίνει *σχεδόν*; Εκείνη απάντησε με μεγάλη φυσικότητα.

«Σχεδόν... Είναι κάποιος που μ' αρέσει, αλλά δεν ξέρω ακόμα πόσο.»

«Ναι βέβαια... είναι προφανές...»

«Εσύ;»

«Κι εγώ, πάνω κάτω όπως εσύ.»

Ακολούθησαν μερικά δευτερόλεπτα σιωπής, οπότε και συνειδητοποίησα ότι είχε καταλάβει ότι της έλεγα ψέματα.

Για ν' αλλάξω θέμα, είπα: «Στις εννέα είναι καλά;»

«Μια χαρά. Μένεις ακόμα σ' αυτό το δρομάκι στο Κάμπο ντι Μάρτε;»

Είχα αλλάξει σπίτι και της έδωσα την καινούργια μου διεύθυνση, φέρνοντας στο νου μου το προσωπάκι της που το είχα φιλήσει χιλιάδες φορές. Άκουγα την απαλή της ανάσα απ' το ακουστικό, καθώς έγραφε, και μου φαινόταν ότι σχεδόν μύριζα το άρωμα της ανάσας της. Με μισόκλειστα μάτια άρχισα να της στέλνω σιωπηρά φιλιά. Σταμάτησε να γράφει.

«Λοιπόν, τώρα σε χαιρετώ, γιατί έχω να κάνω διάφορα πράγματα. Γεια.»

«Τα λέμε αργότερα.»

Έκλεισα το τηλέφωνο πανευτυχής. Μετά άρπαξα τ'

ακουστικό κι άρχισα πάλι να το φιλάω. Η Μαρίνα είχε πει ναι. Πήγα αμέσως να ελέγξω το ψυγείο, δεν υπήρχε τίποτα ιδιαίτερο, αλλά μπορούσα να ετοιμάσω ένα ωραιότατο γεύμα. Σήκωσα τα μανίκια μου κι άρχισα να καθαρίζω πατάτες.

Στις εννέα και τέταρτο χτύπησε το κουδούνι, πήγα τρέχοντας στο θυροτηλέφωνο με τα χέρια βρόμικα απ' τα κρεμμύδια. Ήταν εκείνη.

«Σου ανοίγω... μάλλον όχι, περίμενέ με κάτω.»

«Γιατί;»

«Θα σου εξηγήσω.»

Σκέφτηκα κάτι. Ήθελα να εκμεταλλευτώ στο έπακρο αυτή την ευκαιρία. Ήθελα να πείσω την κυρία Ατιλία ότι μου αρέσουν οι γυναίκες, μου είχε γίνει κάτι σαν έμμονη ιδέα. Έβγαλα γρήγορα την ποδιά και κατέβηκα. Βρήκα τη Μαρίνα να κάθεται στο τελευταίο σκαλοπάτι. Τη σήκωσα πιάνοντάς την απ' τα χέρια και την κοίταξα επιδοκιμαστικά από πάνω μέχρι κάτω.

«Τι ωραία που είσαι!...»

Εκείνη γέλασε, φανερά ικανοποιημένη απ' το κομπλιμέντο.

«Άντε, μη γίνεσαι κρετίνος.»

«Αλήθεια το λέω, είσαι πανέμορφη.»

Τα μαλλιά της Μαρίνας ήταν πολύ μαύρα κι ατίθασα, ή καλύτερα ανεξάρτητα, οι τρίχες των μαλλιών της δεν είχαν καλές σχέσεις μεταξύ τους. Το αποτέλεσμα ήταν μια εκπληκτική αταξία. Θυμήθηκα που κάποιες φορές προσπαθούσε να τα τιθασεύσει με λαστιχάκια και κοκαλάκια, αλλά δεν τα κατάφερνε. Εκείνο το βράδυ τα είχε αφήσει ελεύθερα, και το παιχνιδιάρικο πρόσωπό της έπλεε σ' ένα μαύρο και τρικυμιώδη ωκεανό. Δεν είχα πει ψέματα, μου άρεσε πάρα πολύ. Ζήλεψα αυτόν τον "σχεδόν" φίλο της και τη φίλησα στα μάγουλα. Η μυρωδιά της μου ξύπνησε αναμνήσεις, χρόνια πριν, τότε που ήμουν εγώ ο τυχερός. Είχα δίκιο, εκείνη ήξερε να ξεχνά. Μέσα στα σκούρα και λαμπερά της μάτια δεν έβλεπα ίχνος κακίας. Και μόνο που τα 'βλεπα, ένιωθα ικανοποίηση. Θα μπορούσε να εξελιχθεί σε μια υπέροχη βραδιά.

Ήμασταν ακόμα στο διάδρομο της πολυκατοικίας.

«Λοιπόν, γιατί κατέβηκες;»

«Χρειάζομαι λίγα κρεμμύδια και θα ζητήσω από μια κυρία εδώ... Μπορώ να σου ζητήσω μία χάρη;»

Εκείνη φάνηκε να υποψιάζεται κάτι και μειδίασε.

«Εξαρτάται.»

«Ε, θα μπορούσες να υποκριθείς ότι εμείς οι δύο... να, τέλος πάντων, ότι είμαστε μαζί;»

Εκείνη άρχισε να γελάει με την ψυχή της, σαν να της είχα πει το πιο γελοίο πράγμα του κόσμου και μετά μου τσίμπησε το πιγούνι.

«Μόνο αν μου πεις γιατί.»

«Ε, δεν είναι και τίποτα φοβερό...»

Κοκκίνισα αμέσως, διότι ήξερα ότι όλη αυτή η υπόθεση δεν ήταν καθόλου ευχάριστη. Συμπλήρωσα χαμηλόφωνα...

«Τέλος πάντων αυτή η κυρία με τα κρεμμύδια, πώς να σου το πω, δεν ξέρω γιατί... της έχει μπει η ιδέα ότι είμαι... να, ομοφυλόφιλος... Όχι ότι με νοιάζει, αλλά μ' ενοχλεί κάπως, και αν μπορούσες...»

«Όμως να τελειώνουμε γρήγορα, έχω μια πείνα που ακόμα και σένα θα 'τρωγα.»

Με έλουσε ένα κύμα χαράς, θα ήθελα να της πω ότι μπορούσε να με φάει όποτε ήθελε, κι ότι θα μπορούσε ν' αρχίσει απ' όπου νόμιζε εκείνη καλύτερα. Αλλά δεν το είπα. Η Μαρίνα πέρασε το χέρι μου στη μέση της και προχωρήσαμε έτσι μαζί μέχρι την πόρτα της κυρίας Ατιλία. Από μέσα ακούστηκε ο τσιριχτός ήχος της τηλεόρασης. Χτύπησα αποφασιστικά. Πίσω από την πόρτα άκουσα την κυρία Ατιλία να πλησιάζει με το περπάτημά της που θύμιζε χωριατοπούλα. Ήμουν έτοιμος. Επιτέλους θα έληγε αυτό το ζήτημα. Μόλις με είδε η κυρία Ατιλία κατσούφιασε, αλλά μετά κοίταξε τη Μαρίνα και το πρόσωπό της ξαναγλύκανε.

«Μα τι γλυκιά που είναι!»

Πήρα ένα ύφος τρισευτυχισμένου, κρατώντας σφιχτά την... αρραβωνιαστικιά μου.

«Συγνώμη για την ενόχληση, μήπως σας βρίσκονται δύο κρεμμύδια, σας παρακαλώ;»

«Φυσικά, αλλά δε θα τα δώσω σε σας. Θα τα δώσω σ' αυτή την όμορφη δεσποινίδα... πώς λέγεστε;»

Εκείνη το 'παιζε ντροπαλή.

«Μαρίνα.»

Υποδυόταν τέλεια το ρόλο της ερωτευμένης. Η κυρία Ατιλία την κοίταζε με θαυμασμό, και μ' ένα χαμόγελο μόνιμα κρεμασμένο στα χείλη της.

«Μα τι χαριτωμένη! Τώρα, σας φέρνω δύο ωραία κρεμμυδάκια... τα φτιάχνει ο αδερφός μου, στην εξοχή.»

Απομακρύνθηκε σέρνοντας τις παντόφλες της κι επέστρεψε με δύο καταπληκτικά, γκριζοκίτρινα κρεμμύδια. Χαμογελούσε ικανοποιημένη, κι όπως φαινόταν η παρουσία της Μαρίνας δεν έκανε καλό μόνο σε μένα.

«Ορίστε, κούκλα, πάρε... και να προσέχεις, άσ' τον αυτόν τον κατεργάρη.»

Συνέχισα το παιχνίδι και υποδύθηκα το ρόλο μου.

«Εγώ; Μα αφού είμαι πολύ καλός.»

Η κυρία Ατιλία σήκωσε το χέρι της.

«Ναιαιαι! Εγώ ξέρω τι μπελάς είστε, κύριε Κάρλο... Ναιαιααι!» Και μετά στράφηκε προς τη Μαρίνα. «Να τον προσέχεις αυτόν, κούκλα, εγώ δεν θα τον εμπιστευόμουν...»

Τελικά υπογράψαμε ειρήνη. Η βραδιά έμελλε να πάρει μια ευχάριστη τροπή, ήταν αυτό ακριβώς που μου χρειαζόταν. Μια όμορφη βραδιά παρέα με τη Μαρίνα. Ευχαρίστησα την τεράστια κυρία Ατιλία, καθώς η ...αρραβωνιαστικιά μου με τραβούσε κοντά της, για να με φιλήσει στον κρόταφο. Ωραία. Κι αυτό το ζήτημα είχε τακτοποιηθεί. Είπαμε καληνύχτα και μόλις έκλεισε η πόρτα της κυρίας Ατιλία, η Μαρίνα απομακρύνθηκε από κοντά μου. Έκανα ότι παρεξηγήθηκα.

«Τι βιασύνη! Μπορούσες να με κρατήσεις αγκαλιά ακόμα ένα δευτερόλεπτο, ε;»

«Το έχω κάνει στο παρελθόν και μου βγήκε σε κακό, μη με κάνεις να τα θυμάμαι.»

Μιλούσε πιο σοβαρά απ' ότι περίμενα, αλλά χωρίς καμία κακία. Ήλπιζα σχεδόν ότι αυτές οι λέξεις θα μπορούσαν να δείχνουν ότι της άρεσα ακόμα, έστω κι ασυνείδητα. Ανεβήκαμε τη σκάλα δίπλα δίπλα. Τα κρεμμύδια τα κρατούσα στο χέρι σαν τρόπαιο.

«Τέλος πάντων ευχαριστώ, ήσουν μια υπέροχη αρραβωνιαστικιά.»

«Μη σου γίνει συνήθεια.»

«Ορκίζομαι. Μπορούμε να μείνουμε φίλοι, ε;»

«Φίλοι!» και μου ξανάβαλε το χέρι στη μέση της.

Άνοιξα την πόρτα του σπιτιού κι άφησα μια στριγκλιά.

«Οι πατάτες!»

Πήγα τρέχοντας να δω, αλλά για μεγάλη μου τύχη δεν είχε συμβεί τίποτα ανεπανόρθωτο. Τα κρεμμύδια δε μου χρειάζονταν και τ' άφησα στην άκρη. Η Μαρίνα έκατσε στην κουζίνα και καθώς εγώ μεγαλουργούσα, μιλούσαμε για διάφορα πράγματα. Ήταν πολύ περίεργη, μου έκανε πάρα πολλές ερωτήσεις. Απ' τον τόνο της φωνής της μου φαινόταν ότι διέκρινα κάποιο ενδιαφέρον απ' την πλευρά της για μένα. Μετά είπε: «Ωραίο αυτό το σπίτι. Μένεις πάντα μόνος;»

«Εντελώς... Δηλαδή προς το παρόν νοικιάζω ένα δωμάτιο σ' έναν τύπο, αλλά θα φύγει σύντομα.»

«Απόψε δεν είναι εδώ;»

«Όχι, θα φάει έξω, νομίζω ότι θα γυρίσει αρκετά αργά.»

Προσπάθησα να κρύψω το πόσο μου άρεσε που δεν ήταν ο Φρεντ μες στα πόδια μας. Μετά από είκοσι λεπτά περίπου την κάλεσα να καθίσει στο τραπέζι, στο καθιστικό. Θα έφτανα σ' ένα λεπτό. Απ' την κουζίνα την άκουσα να επαινεί το γούστο μου στα μαχαιροπίρουνα.

«Μα τι γλυκά! Κοίτα αυτά τα ωραία ποτήρια!»

Έσβησα το φούρνο και πήγα μέχρι την πόρτα.

«Σ' αρέσουν; Άναψε τα κεριά, τα σπίρτα είναι δίπλα στην τηλεόραση... δηλαδή εκεί, σ' αυτό το ράφι.»

«Είπαμε φίλοι, ε;»

«Ορκίζομαι.» Μετά σκέφτηκα, ναι..., αλλά οι βουλές του Κυρίου είναι άγνωστες.

Σε λίγο έφτασα μ' ένα ταψί με ζυμαρικά στο φούρνο.

«Δοκίμασα να κάνω κάτι, αλλά δε μου βγήκε πολύ καλό.»

Φυσικά μέσα μου σκεφτόμουν ότι τα είχα κάνει φανταστικά, αλλά μ' άρεσε να το παίζω μετριόφρων. Έβαλα κρασί στα ποτήρια και σέρβιρα τα ζυμαρικά. Κάθισα και σήκωσα το ποτήρι για πρόποση.

«Στην ομορφιά σου.»

Εκείνη χαμογέλασε, ανοιγοκλείνοντας τα μάτια της σαν κούκλα.

«Μα τι ανόητος που είσαι!»

Μια γουλιά κρασί με άδειο στομάχι ήταν αρκετή, κι όλα μου φαίνονταν τέλεια. Ένιωθα ένα ελαφρύ αεράκι στο κεφάλι μου. Στην πραγματικότητα δεν ήταν μια γουλιά, αλλά ένα ολόκληρο ποτήρι. Η Μαρίνα δοκίμασε τα ριγκατόνι κι άνοιξε διάπλατα τα μάτια της.

«Τι ωραία! Είσαι σίγουρος ότι τα 'φτιαξες εσύ;»

«Με τα χεράκια μου.»

«Θα μπορούσα να σε παντρευτώ και μόνο γι' αυτό.»

«Θα μου αρκούσε και κάτι πολύ λιγότερο.»

«Είσαι το ίδιο μοναδικό γουρούνι!... Έλα, βάλε μου λίγο κρασί ακόμα.»

«Αμέσως, αγάπη.»

Σηκώθηκα σαν να πετούσα κι εκεί που ήμουν έτοιμος να της γεμίσω το ποτήρι... άκουσα έναν ήχο που δεν θα ήθελα με τίποτα ν' ακούσω, ένα κλειδί που γύριζε στην κλειδαριά. Η πόρτα του σπιτιού άνοιξε κι εμφανίστηκε ο Φρεντ.

«Α, έχουμε γιορτή!»

«Φρεντ! Τι κάνεις εσύ εδώ;»

Είχα μείνει σαν στήλη άλατος με το μπουκάλι στο χέρι. Εκείνος πλησίασε μ' αυτό το βήμα του, που μου θύμιζε μεθυσμένο γάτο. Ο μώλωπας στο μάτι του φαινόταν ακόμα πολύ καλά. Σταμάτησε μπροστά στη Μαρίνα κι έκανε μια υπόκλιση.

«Πανευτυχής που σας γνωρίζω, εκπληκτικό πλάσμα. Η ομορφιά σας προσφέρει μοναδική απόλαυση στα μάτια μου. Όπως έχετε ήδη καταλάβει, είμαι ο Φρεντ, και θα χαιρόμουν πολύ να γίνω υπηρέτης σας.»

Ήταν σιχαμερός κι αποκρουστικός. Αλλά όπως φάνηκε

η Μαρίνα δεν τον είδε έτσι. Περιχαρής του έδωσε το χέρι της κι εκείνος το φίλησε, κάνοντας έναν άκρως εκνευριστικό θόρυβο. Φυσικά η σκηνή δεν τελείωσε εκεί. Ο Φρεντ πήρε ένα απ' τα πιο απαίσια χαμόγελά του.

«Με ποια έχω την τιμή να ομιλώ;»

«Λέγομαι Μαρίνα.»

«Υπέροχο όνομα, ταιριαστό στη βαθιά και μυστηριώδη ομορφιά σας», κι έβαλε το χέρι στην καρδιά του.

Προσπάθησα να συγκρατηθώ και να χαμογελάσω δείχνοντας τα δόντια μου.

«Έχεις φάει, έτσι δεν είναι;»

Εκείνος με κοίταξε, λες και δεν περίμενε να με δει, μετά έβγαλε το μπουφάν του και το πέταξε στην καρέκλα.

«Αν έχω φάει; Ευτυχώς όχι, αλλά μην ενοχλείστε, πάω εγώ να φέρω το πιάτο μου... Με την άδειά σας.»

Υποκλίθηκε άλλη μια φορά κι εξαφανίστηκε στην κουζίνα. Η Μαρίνα χαμογελούσε ακόμα.

«Είναι συμπαθέστατος.»

Δεν έκανα κανένα σχόλιο και πήγα να κάτσω. Ο Φρεντ γύρισε κι έβαλε το σερβίτσιο του στο τραπέζι, κάνοντας χώρο με τρόπο, χαλώντας όμως έτσι την τέλεια συμμετρία ενός τραπεζιού που ήταν στρωμένο μόνο για δύο. Μπήκε απαιτητικά ανάμεσα σε μένα και σε κείνη. Τον μισούσα όσο ποτέ. Όχι μόνο για την εισβολή του στο τραπέζι, αλλά και για την επιτυχία που είχε με τη Μαρίνα. Μου φαινόταν ένας απ' τους χειρότερους εφιάλτες μου. Ο Φρεντ είχε ξεχάσει να πάρει ποτήρι κι έτσι πετάχτηκε πάλι στην κουζίνα. Σηκώθηκα ζητώντας συγνώμη και τον ακολούθησα. Τον στρίμωξα στο νεροχύτη και φυσικά χαμήλωσα τη φωνή μου.

«Είχες πει ότι δεν θα γύριζες.»

Εκείνος μου έκλεισε το μάτι, κάτι που απεχθανόμουν, και μετά έκανε μια μεγάλη, κυκλική κίνηση με το χέρι του.

«Πο, πο! Φοβερό μουνί... Πού την ψάρεψες;»

«Κτήνος, είχες πει ότι δεν θα γύριζες!»

«Άλλαξα γνώμη... Και τι έγινε; Εσένα δεν σου έχει τύχει ποτέ;»

Του έπιασα το μπράτσο και του το έσφιξα όσο πιο δυνατά μπορούσα.

«Τώρα, άσε κάτω το ποτήρι και φύγε.»

Εκείνος ύψωσε επίτηδες τη φωνή του.

«Τι σ' έπιασε; Με πονάς.»

Τον άφησα και πλησίασα το πρόσωπό μου στο δικό του, σχεδόν τ' ακούμπησα.

«Σουουτ, σιωπή, τέρας! Ορκίσου μου ότι θα φύγεις αυτή τη στιγμή!»

Εκείνος με κοίταξε σαν να ήμουν ηλίθιος.

«Μα δεν είναι ευγενικό.»

Αυτό που με νευρίασε περισσότερο ήταν η σοβαρότητα με την οποία το έλεγε, σαν να μην καταλάβαινε πραγματικά την κατάσταση.

«Άκου Φρεντ, δεν έχω καμία διάθεση να μου χαλάσει η βραδιά εξαιτίας σου.»

«Και γιατί νομίζεις ότι θα σ' τη χαλάσω; Όταν χρειάζεται, ξέρω να φέρομαι πολύ καλά, τι νόμιζες;»

Πάλι αυτός ο σοβαρός τόνος. Θα τον έπνιγα. Αν δεν ήταν η Μαρίνα εδώ, που μάλλον δεν θα ενέκρινε κάτι τέτοιο, θα τον έπνιγα. Η ίδια, πάντως, αυτόν τον μπάσταρδο τον έβρισκε συμπαθητικό. Δεν ήξερα πια τι να πω, απλώς ήθελα να τον δείρω. Εκείνος αντίθετα ήταν ήρεμος και προχώρησε προς το καθιστικό με το ποτήρι στο χέρι. Τον ακολούθησα προσποιούμενος ότι ήμουν κι εγώ μια χαρά και καθίσαμε. Ο Φρεντ έβαλε μια μεγάλη μερίδα ζυμαρικά στο πιάτο του, σχεδόν τα πήρε όλα. Γέμισε το ποτήρι του μέχρι πάνω και το σήκωσε.

«Υψώνω αυτό το ποτήρι στην ομορφιά της Μαρίνας μας, που είναι ζωηρή σαν την τρικυμιώδη θάλασσα και μυστηριώδης σαν νυχτολούλουδο.»

Αυτό που μ' ενοχλούσε περισσότερο ήταν φυσικά αυτό το "μας". Η Μαρίνα το 'παιρνε για παιχνίδι, σίγουρα δεν μπορούσε να φανταστεί πόσο με πείραζε. Εκείνη τη στιγμή μου φαινόταν ότι την αγαπούσα απόλυτα, αλλά ίσως και να ήταν απλώς εξαιτίας του Φρεντ. Η Μαρίνα δεν ήταν η κοπέλα μου, σίγουρα, αλλά υπέφερα το ίδιο, δεν μπορούσα να κάνω τίποτα. Σκεφτόμουν ότι σε μια ιδανική ιεραρχία, εγώ θα έπρεπε αναγκαστικά να προηγηθώ απ' αυτόν τον πίθηκο. Όπως και να 'χει, το έβλεπα, η βραδιά πήγαινε κατά διαόλου.

Κάποια στιγμή ο Φρεντ με κοίταξε.

«Με ζήτησε κανένας;»

Θυμήθηκα τον πρίγκιπα του Μπιζάντσιο και μου ’ρθε να του πετάξω το ποτήρι με το κρασί στη μούρη, αλλά όπως πάντα συγκρατήθηκα.

«Βέβαια, τηλεφώνησε ο πρίγκιπας του Μπιζάντσιο.»

Η Μαρίνα χαμογέλασε, μάλλον θεώρησε ότι έκανα πλάκα. Η έκφραση του Φρεντ έγινε ακόμη πιο σοβαρή.

«Και τι είπε;»

«Σου άφησε ένα μήνυμα.»

«Πες το μου.»

«Ο πρίγκιπας των βατράχων έκανε εγχείρηση αμυγδαλών, και πρέπει να γίνει πολύ γρήγορα αυτή η τρύπα στο νερό... Είπε ότι θα καταλάβαινες.»

Η Μαρίνα άρχισε να γελά.

«Μα τι σημαίνει αυτό;»

Ο Φρεντ φάνηκε πολύ ικανοποιημένος.

«Τέλεια, είναι το μήνυμα που περίμενα εδώ και πολύ καιρό.»

Μετά τα ξέχασε όλα μεμιάς, τους πρίγκιπες, τα βατράχια, κι άρχισε να φλερτάρει τη Μαρίνα.

Μιλούσαν ήδη στον ενικό και στην ουσία με είχαν αποκλείσει απ’ τη συζήτησή τους. Μιλούσαν για διάφορα πράγματα, ή μάλλον ο Φρεντ έλεγε κάτι μεγαλοπρεπείς μαλακίες κι εκείνη συμφωνούσε. Όσες φορές προσπάθησα να χωθώ κι εγώ στην κουβέντα, με πετούσαν έξω σαν λαστιχένια μπάλα, «είσαι αφελής», «όλα αυτά είναι παιδιάστικα», «η παρατήρησή σου δε μου φαίνεται σωστή», ενώ εκείνοι συνέχιζαν να δίνουν δίκιο ο ένας στον άλλο μ' έναν τρόπο που μου 'φερνε πονοκέφαλο. Ήμουν διατεθειμένος να πληρώσω χρυσή την παρουσία ενός σημαντικού "άλλου" που θα συμμαχούσε μαζί μου, για να κατατροπώσουμε αυτούς τους δύο ψυχασθενείς. Κι επιπλέον ο Φρεντ συνέχιζε να μιλάει μ' αυτόν τον ποιητικό τόνο που μου προκαλούσε ναυτία. Κάποια στιγμή δεν άντεξα άλλο.

«Φτάνει πια! Μαρίνα, σε παρακαλώ, μην παρασύρεσαι απ' τις μαλακίες του... Ξέρεις τι μου είπε στην κουζίνα αυτό το κτήνος; Είπε: Τι μουνί! Πού την ψάρεψες;»

Η Μαρίνα με κοίταξε μ' ένα πολύ άνετο βλέμμα, σαν να της είχα αποκαλύψει το πιο όμορφο κομπλιμέντο του κόσμου, και περιχαρής μου πέταξε ένα ψίχουλο ψωμιού στα μαλλιά μου.

«Κάρλο! Μα πώς μιλάς έτσι!»

«Όχι εγώ, αυτός το είπε.»

Ο Φρεντ πήρε ένα απ' αυτά τα χαμόγελά του που με ενέπνεαν για βιαιότητες και με κοίταξε με συμπόνια.

«Αγαπητέ μου Κάρλο, άσε με να σου πω κάτι, μην παρεξηγηθείς, αλλά δεν εγκρίνω τη χυδαιότητά σου, πίστεψέ με... και ειδικά μπροστά σε μια τέτοια ομορφιά! Να είσαι ιππότης, ε; Τι στο καλό!» Σήκωσε απ' το τραπέζι το εύπλαστο χέρι της Μαρίνας και το φίλησε, αφήνοντας τα χείλη του κολλημένα πάνω του τουλάχιστον για είκοσι δευτερόλεπτα.

Τώρα πια κι εγώ το είχα καταλάβει ότι η επέμβασή μου ήταν για να ντρέπομαι. Το πιο αξιοπρεπές θα ήταν να σταματήσω εδώ, κι ίσως να ζητήσω συγνώμη κι απ' τους δύο. Αλλά ένας περίεργος, χυδαίος μηχανισμός μ' έκανε να μην μπορώ να σταματήσω. Ωστόσο ήξερα καλά, όπως πάντα, ότι αυτό που μου πρόσφερε ικανοποίηση εκείνη τη στιγμή θα μ' έκανε να μετανιώνω αργότερα, κι αντιστρόφως. Αμύνθηκα μ' έναν πολύ άθλιο τρόπο. Χτύπησα το πόδι μου στο πάτωμα.

«Δεν το είπα εγώ, τι μαλακίες είναι αυτές! Εκείνος το είπε!»

Ο Φρεντ σήκωσε το χέρι του στον αέρα.

«Είσαι ψεύτης. Κι επιπλέον εγώ δεν θα έλεγα ποτέ "πού την ψάρεψες", δεν είναι του στιλ μου, ίσως να έλεγα "πού τη βρήκες", ηχεί πολύ καλύτερα, έτσι δεν είναι Μαρίνα;»

«Δεν υπάρχει αμφιβολία» είπε εκείνη γελώντας. Ο Φρεντ άνοιξε διάπλατα τα χέρια του σαν τον Ιησού.

«Βλέπεις; Είσαι ψεύτης, αλλά σε συγχωρούμε, έτσι δεν είναι Μαρίνα;»

Δεν πίστευα στ' αυτιά μου, κοπάνησα με δύναμη το χέρι μου στο τραπέζι.

«Είσαι ένα τέρας! Είσαι μαλάκας!»

Εκείνη τη στιγμή η Μαρίνα πήρε μια σοβαρή έκφραση.

«Κάρλο, πες μου κάτι. Γιατί είσαι τόσο αγενής με το φίλο σου;»

«Δεν είναι φίλος μου.»

«Τέλος πάντων, σε παρακαλώ να μην είσαι πρόστυχος, χαλάς όλη τη βραδιά, προσπάθησε να ηρεμήσεις.»

Χρειάστηκε να επιστρατεύσω όλη μου την υπομονή –όση μου είχε απομείνει–, για να μη γελοιοποιηθώ τελείως. Άρχισα σιγά σιγά να χαλαρώνω, δεν έλεγα πια κουβέντα, δεν κουνιόμουν καν. Τα μεσάνυχτα άρχισαν οι καθιερωμένοι χοροί και για να μην τους βλέπω, πήγα να ξαπλώσω στο κρεβάτι μου. Η ποδοπατημένη μου καρδιά διψούσε για εκδίκηση.

Το πρωί βρήκα ένα σημείωμα της Μαρίνας στο τραπέζι, ανάμεσα στα ψίχουλα και στα βρόμικα πιάτα. *«Ήταν μια πολύ ευχάριστη βραδιά, σ' ευχαριστώ για όλα, Μαρίνα».* Τσαλάκωσα το χαρτί και το πέταξα μακριά. Ο Φρεντ ροχάλιζε σαν φορτηγό. Δεν είχα καμία διάθεση να δουλέψω, δεν μπορούσα να συγκεντρωθώ. Βγήκα έξω να περπατήσω λίγο, για να ξεσκάσω. Η κυρία Ατιλία με σταμάτησε μπροστά απ' την πόρτα της, χαμογελώντας μου πλατιά.

«Καλημέρα, κύριε Κάρλο.»

«Μμμμ».

«Ο φίλος σας κι η κοπέλα σας άργησαν χθες, ε; Τους άκουσα να κατεβαίνουν, θα πρέπει να 'ταν γύρω στις τρεις... γελούσαν σαν τρελοί.»

«Α ναι, ε; Ε, δε μ' ενδιαφέρει καθόλου.»

«Τι συμβαίνει; Έχετε πάλι κακή διάθεση;»

«Όχι, με συγχωρείτε... είμαι μια χαρά.»

Η κυρία Ατιλία ακούμπησε με δύναμη το χέρι της στο μάγουλό της.

«Παραλίγο να το ξεχάσω! Ξέρετε ότι απόψε σκότωσαν πάλι μια ηλικιωμένη; Ακριβώς σ' αυτή την πολυκατοικία από πίσω. Ήρθε πάλι αυτός ο αστυνομικός κι έκανε ερωτήσεις.»

Ένιωσα μια ελαφριά ανατριχίλα στα χέρια.

«Ποια πολυκατοικία;»

«Ελάτε.»

Μπήκαμε στο σπίτι της και μου την έδειξε απ' το παράθυρο του μπάνιου.

«Αυτή.»

«Σε ποιον όροφο;»

«Δεν ξέρω... τι σημασία έχει;»

«Συγνώμη, αλλά πρέπει να πηγαίνω.»

Πήγα και πάλι προς το σπίτι, ανεβαίνοντας τα σκαλιά τέσσερα τέσσερα. Μπήκα στο μπάνιο και κοίταξα απ' έξω. Στην μπροστινή πολυκατοικία, στον τέταρτο όροφο, τα παράθυρα ήταν ανοιχτά. Έβλεπα πολύ καλά το εσωτερικό του διαμερίσματος, όπως και την περασμένη φορά. Ήταν γεμάτο αστυνομικούς. Μετά από λίγα δευτερόλεπτα είδα τον αστυνομικό Σκουάρτσι που είχε βγει στο μπαλκόνι και κάπνιζε σκεπτικός. Με είδε και σήκωσε το χέρι του, για να με χαιρετήσει. Έκανα κι εγώ το ίδιο, προσπαθώντας να χαμογελάσω έτσι, ώστε να φαίνεται ακόμα κι από μακριά. Μετά μου έκανε σινιάλο να κατέβω στο δρόμο και μπήκε μέσα.

Είχα ιδρώσει. Έφτασα στο πεζοδρόμιο πολύ πριν απ' αυτόν, προσπαθώντας να ηρεμήσω. Τώρα πλέον ήμουν σίγουρος ότι ο δολοφόνος ήταν ο Φρεντ. Ένας στυγνός δολοφόνος που χτυπάει ξανά και ξανά. Κι εγώ μένω μ' αυτόν κάτω απ' την ίδια στέγη. Ο Σκουάρτσι έφτασε μ' αυτό το ήρεμο βήμα του, κουκουλωμένος μέσα στο σκούρο παλτό του. Στο σκοτεινό πρόσωπό του, γυάλιζαν τα πονηρά του μάτια. Μου έσφιξε δυνατά το χέρι, πολύ πιο δυνατά απ' το φυσιολογικό.

«Δε σας φαίνεται κι εσάς παράξενο;»

«Παράξενο τι;»

«Και αυτό το διαμέρισμα της ηλικιωμένης, που τη στραγγάλισαν απόψε, είναι στον τέταρτο όροφο και φαίνεται πολύ καλά απ' το σπίτι σας. Δε σας φαίνεται περίεργο;»

Μιλούσε αργά, κλείνοντας κάθε τόσο τα βλέφαρά του. Προσπάθησα να καταπιώ, αλλά δεν τα κατάφερα.

«Δεν ξέρω... ποια πολυκατοικία;»

«Η κεντρική είσοδος είναι απ' την οδό Μαρτίνι, αλλά η αυλή επικοινωνεί με τη δική σας. Ο δολοφόνος πήγε με σχέδιο όπως και την προηγούμενη φορά, κατευθείαν στα κοσμήματα.»

Δεν ήξερα τι να πω. Ο αστυνομικός με κοιτούσε κατευθείαν στα μάτια, σαν να περίμενε κάτι – ποιος ξέρει τι – από μένα.

«Φυσικά πήγα πάλι στην ίδια μάρτυρα με την προηγούμενη φορά, αυτήν που δεν κοιμάται ποτέ, και ξέρετε τι μου είπε;»

«Όχι, τι;»

Έκανε μια μικρή παύση και χάιδεψε σκεπτικός το πιγούνι του.

«Μου είπε ότι και χθες το βράδυ είδε κάποιον να μπαίνει στην πολυκατοικία σας γύρω στις 4.30′. Εσείς μήπως ξέρετε τίποτα;»

«Δεν ήμουν εγώ, αυτό είναι σίγουρο.»

«Δυστυχώς εκείνη την ώρα οι δρόμοι είναι σκοτεινοί, και η κυρία αυτή το μόνο που μπόρεσε να δει ήταν απλώς μια σκιά, όπως και την προηγούμενη φορά. Όμως η ώρα ήταν η ίδια, η ηλικιωμένη δολοφονήθηκε γύρω στις 4.»

«Δεν ξέρω τι να πω.»

«Λοιπόν μην πείτε τίποτα. Ο φίλος σας είναι στο σπίτι;»

«Νομίζω πως ναι.»

«Θα ήθελα να σας πω ότι έκανα ένα μικρό έλεγχο.»

«Έλεγχο;»

«Δεν έχετε κάνει την απαραίτητη αναφορά για το φιλοξενούμενό σας. Υπάρχει κάποιος νόμος γι' αυτό, το γνωρίζετε;»

«Ναι, το γνωρίζω, αλλά δεν είχα χρόνο. Θα πάω σήμερα κιόλας.»

«Εντάξει. Τώρα πάμε να μιλήσουμε μ' αυτόν τον Αλφρέντο.»

Ανεβήκαμε τις σκάλες σιωπηλά. Ο Φρεντ κοιμόταν ακόμα, και μάλιστα ροχάλιζε σαν τρένο σε ανηφόρα. Ο Σκουάρτσι πήγε κι έκατσε στον καναπέ, κοιτάζοντας αυτά που είχαν απομείνει απ' το δείπνο χωρίς να κάνει κανένα σχόλιο.

«Πηγαίνετε να ξυπνήσετε το φίλο σας;»

«Αμέσως.»

Πήγα στο δωμάτιο του Φρεντ και χτύπησα την πόρτα.

«Φρεντ! Φρεντ!»

Άκουσα κάτι σαν ρούφηγμα και μετά μια νυσταγμένη φωνή.

«Τι συμβαίνει;»

«Φρεντ, είναι εδώ ο αστυνόμος και θέλει να σου μιλήσει.»

Σιγή. Χτύπησα πάλι. Μετά από λίγο η πόρτα άνοιξε. Ο Φρεντ είχε μια φριχτή όψη, το πρόσωπό του ήταν φουσκωμένο και κιτρινισμένο.

«Και τι στο διάολο θέλει πάλι από μένα αυτός ο αστυνόμος;»

«Σσσς, είσαι τρελός; Είναι εδώ έξω.»

«Τι ώρα είναι;»

«Εννιά.»

«Σκατά.»

Χασμουρήθηκε μ' ένα μακρύ κι αποκρουστικό μουγκρητό.

«Έρχομαι.»

Ξανάκλεισε την πόρτα και μετά από λίγο εμφανίστηκε μ' αυτή τη φοβερή, την ακαταμάχητη γοητεία του, τυλιγμένος σε μια λαχανί ρόμπα γεμάτη λουλούδια. Τα πόδια του, γυμνά, άφηναν υγρά αποτυπώματα στο πάτωμα.

«Θέλατε να με δείτε, αστυνόμε;»

«Αργήσατε χθες το βράδυ;»

«Δεν ξέρω, δε βλέπω ποτέ την ώρα, όταν πηγαίνω για ύπνο. Γιατί με ρωτάτε;»

«Σκότωσαν άλλη μια ηλικιωμένη, ακριβώς εδώ από πίσω.»

«Μα αυτό είναι επιδημία.»

Ο αστυνόμος δε γέλασε. Ο Φρεντ πήγε κι έκατσε σε μια καρέκλα κι άρχισε να τσιμπολογάει απ' το τραπέζι ό,τι έβρισκε: ένα ξερό δαμάσκηνο, ένα καρύδι, ένα κομματάκι μανταρίνι. Ο Σκουάρτσι τον κοιτούσε αποδοκιμαστικά.

«Έκανα ένα μικρό έλεγχο στο ποινικό σας μητρώο, Τορσόλι. Έχετε διαπράξει διάφορα αδικήματα.»

«Ψιλοπράγματα.»

«Συμμετοχή σε συμπλοκές, απάτες, διάφορες απρέπειες, διαρρήξεις... όλα αυτά εσείς τα λέτε ψιλοπράγματα;»

«Υπάρχουν και χειρότερα, έτσι δεν είναι;»

«Βέβαια.»

«Όπως και να 'χει, έχω ξεκαθαρίσει τους λογαριασμούς μου με τη δικαιοσύνη μέχρι την τελευταία μέρα. Τώρα είμαι καθαρός.»

«Βέβαια» έκανε ο Σκουάρτσι ζαλισμένος.

Ο Φρεντ με έψαξε αφηρημένα με το βλέμμα του.

«Θα μπορούσα να έχω έναν καφέ;»

Μόλις που κρατήθηκα –είχα βαρεθεί πια– να μην του πω «άει γαμήσου». Η υπόθεση αυτή με το ποινικό του μητρώο παραήταν σοβαρή. Ήθελα να ξεκαθαρίσω τα πράγματα όσο το δυνατόν συντομότερα, αλλά όταν θα μέναμε μόνοι μας. Ο αστυνομικός σηκώθηκε και στάθηκε μπροστά απ' τον Φρεντ.

«Θα μου πείτε κάτι, Τορσόλι; Απόψε βγήκατε;»

Ο Φρεντ ήταν έτοιμος να βάλει κάτι στο στόμα του κι έμεινε με το χέρι του μετέωρο στον αέρα. Μετά πήρε μια ηλίθια έκφραση.

«Συνόδευσα την αρραβωνιαστικιά μου σπίτι της, γιατί;»

Αρραβωνιαστικιά; Η Μαρίνα αρραβωνιαστικιά του; Και πόσο άσχημα ηχούσε αυτή η λέξη στο στόμα του Φρεντ: αρραβωνιαστικιά! Ένιωσα το πρόσωπό μου να κοκκινίζει, τις τρίχες μου να σηκώνονται όρθιες... Είχε ξυπνήσει πάλι το ζώο μέσα μου, ήθελα να τον σκοτώσω, αλλά ως συνήθως έσφιξα τα δόντια μου και δεν είπα τίποτα. Δεν ήταν η κατάλληλη στιγμή. Τα άφησα όλα για αργότερα. Θα ξεκαθαρίζαμε αργότερα τους λογαριασμούς μας μια και καλή, πρόσωπο με πρόσωπο.

Ο Σκουάρτσι συνέχισε, κοιτάζοντας τον Φρεντ σαν να ήταν έντομο προς εξολόθρευση.

«Πού μένει αυτή η... αρραβωνιαστικιά;»

«Ακριβώς δε θυμάμαι, δεν ξέρω καλά την πόλη.»

Για να βοηθήσω το έργο της δικαιοσύνης, απάντησα εγώ.

«Μένει στο Σαλβιατίνο.»

Ο Σκουάρτσι με ευχαρίστησε μ' ένα νεύμα, χωρίς να ξεκολλήσει το βλέμμα του απ' τον Φρεντ.

«Πήγατε με τα πόδια;»

«Φυσικά, είναι δυο βήματα.»

«Και γυρίσατε αμέσως πίσω;»

«Όχι αμέσως αμέσως, κάθισα λίγο σπίτι της, δεν ξέρω αν με καταλαβαίνετε...»

«Και μετά;»

«Μετά τι;»

«Μετά τι κάνατε;»

«Τι έκανα; Τίποτα, γύρισα εδώ, στο σπίτι μου.»

Ο Φρεντ μου έριξε μια ματιά να δει πώς θα αντιδρούσα σ' εκείνο το *σπίτι μου*. Εγώ έμεινα ατάραχος και σκληρός σαν πέτρα.

Ο αστυνομικός αναστέναξε εκδηλώνοντας την ανυπομονησία του.

«Γυρίσατε εδώ κατευθείαν;»

«Ε, έκανα μια βολτίτσα, για να χωνέψω το φαγητό... Κάνει καλό να περπατάμε λίγο, μετά από...»

«Απαντήστε μου, χωρίς σχόλια. Πού πήγατε;»

«Σας μίλησα με ακρίβεια. Χθες το βράδυ φάγαμε και ήπιαμε πολύ, έτσι δεν είναι Κάρλο; Ένα καταπληκτικό δείπνο.»

Δεν πίστευα στ' αυτιά μου. Του έριξα μια θανατηφόρα ματιά. Ο αστυνομικός αναστέναζε ακόμα βαριά, κι άρχισε να παίζει νευρικά με τα κέρματα που είχε στις τσέπες του.

«Μαζί μου μιλάτε. Σας ρώτησα πού πήγατε.»

«Στη Λουνγκάρνο. Η θέα του νερού τη νύχτα με χαλαρώνει. Ο Κάρλο το ξέρει... Πες το στον αστυνόμο.»

Τι έπρεπε να κάνω; Να τον σκοτώσω; Δεν είπα πάλι τίποτα. Ο Σκουάρτσι άναψε ένα τσιγάρο, χωρίς να προσφέρει σε κανέναν.

«Τι ώρα επιστρέψατε σπίτι;»

«Α! Δε θυμάμαι...»

«Προσπαθείστε.»

«Στις 3, στις 4... ίσως και στις 5. Πραγματικά δε θυμάμαι.»

Ο αστυνομικός άφησε άλλον έναν αναστεναγμό, πολύ χειρότερο απ' τους προηγούμενους.

«Κύριε Τορσόλι, δεν θα ήθελα να πιστέψω ότι με κοροϊδεύετε, έτσι δεν είναι;»

«Θέλετε να με συλλάβετε, επειδή δεν έχω ρολόι; Κάντε ό,τι θέλετε.»

Στο τέλος ο Σκουάρτσι έχασε την υπομονή του, τον έπιασε απ' τον ώμο και τον σήκωσε απ' την καρέκλα σαν να ήταν κουρέλι.

«Άκου φιλαράκο, ίσως δεν είσαι ο δολοφόνος, αλλά το ίδιο μου κάνει. Δεν μου αρέσεις καθόλου.»

«Έι, μα τι κάνετε! Κοιτάξτε, δεν μπορώ, δεν είναι τρόπος αυτός! Αφήστε με!»

Ο αστυνομικός τον άφησε στη θέση του και σήκωσε απειλητικά το δάχτυλό του μπροστά στα μάτια του Φρεντ. Του βγήκε μια τρεμουλιαστή φωνή.

«Εάν ανακαλύψω ότι ήσουν εσύ αυτός που στραγγάλισε τις ηλικιωμένες, δεν θα ακολουθήσω καμία διαδικασία...

Θα έρθω να σε συλλάβω εγώ ο ίδιος και θα σου σπάσω όλα σου τα κόκαλα ένα προς ένα, το 'πιασες;»

Ο Φρεντ τον κοίταζε διστακτικά μ' ένα ελαφρύ τρεμούλιασμα στα χείλη. Αυτή τη φορά μίλησε μ' έναν εντελώς διαφορετικό τόνο, σοβαρό κι ανήσυχο.

«Δεν ήμουν εγώ, δεν μ' αρέσει να σκοτώνω τον κόσμο.»

«Σε προειδοποίησα.»

«Δεν ήμουν εγώ, αλλά ίσως εγώ είδα το δολοφόνο.»

Ο Σκουάρτσι τον έπιασε απ' το πιγούνι.

«Μην παίζεις μαζί μου, βρομερό σκουλήκι.»

Ο Φρεντ άνοιξε διάπλατα τα μάτια του.

«Όχι, ορκίζομαι! Απόψε είδα έναν τύπο που περπατούσε γρήγορα κι όταν πέρασε από δίπλα μου, κάλυψε το πρόσωπό του. Τον είδα λίγο πιο πέρα από δω, σ' ένα δρόμο κάπως σκοτεινό... μου φαίνεται ότι λέγεται Μετσέτο, ή κάπως έτσι.»

Ο Σκουάρτσι γούρλωσε τα μάτια του, χωρίς να ξέρει αν θα έπρεπε ν' αφήσει το έντομο να μιλήσει ή να το λιώσει.

«Και γιατί θα πρέπει να ήταν ο δολοφόνος;»

«Είχε αέρα δολοφόνου. Ήταν κουκουλωμένος μέχρι πάνω, σαν να μην ήθελε να τον αναγνωρίσουν, και προχωρούσε βιαστικά. Αλλά δεν το λέω γι' αυτό... Του έπεσε κάτι κάτω, το πήρα και είδα ότι ήταν μια χρυσή καρφίτσα. Φυσικά δεν ήξερα τίποτα κι έτρεξα πίσω του, για να του τη δώσω. Εκείνος την έβαλε στην τσέπη του, έκανε μια γκριμάτσα κι έφυγε.»

«Πώς ήταν;»

«Ήταν κοντός και κούτσαινε σαν να είχε κάποιο πρόβλημα στο πόδι.»

«Το δεξί ή το αριστερό;»

«Το αριστερό.»

Μου ήρθε κατευθείαν στο νου ο μανάβης. Κι εκείνος ήταν κουτσός. Μετά είπα στον εαυτό μου ότι ήμουν ανόητος, ότι έτσι ακριβώς δημιουργούνται οι προκαταλήψεις. Κι επιπλέον αυτή η ιστορία με τον κουτσό δολοφόνο ήταν σίγουρα κατασκεύασμα του Φρεντ. Ο αστυνόμος, όμως, τινάχτηκε σαν ελατήριο και για λίγο έμεινε σαστισμένος. Ξαφνικά έκανε το χέρι του γροθιά και το έσφιξε τόσο δυνατά, που έτριξε, το πρόσωπό του έλαμψε, έτρεξε έξω χωρίς να πει κουβέντα και χτύπησε πίσω του την πόρτα.

Ο Φρεντ χαλάρωσε στη στιγμή, λες και μέχρι εκείνη την ώρα υποδυόταν σε κωμωδία το ρόλο του φοβισμένου. Τεντώθηκε, έβαλε τα πόδια του πάνω σε μια καρέκλα, κοίταξε το γεμάτο αποφάγια απ' το προηγούμενο βράδυ τραπέζι και πήρε μια έκφραση απίστευτης έκπληξης.

«Δεν έφτιαξες καφέ;»

«Όχι, δεν έφτιαξα και δεν θα φτιάξω.»

«Γιατί;»

Πήρα μια βαθιά ανάσα, πήγα και στάθηκα μπροστά του και σχολίασα κοιτάζοντάς τον με περιφρόνηση.

«Δε μου είχες πει ότι είχες καταδικαστεί.»

«Δε με ρώτησες ποτέ.»

«Είσαι ένας κακοποιός!»

«Τι βαριά κουβέντα!»

«Δε μου είχες πει τίποτα!»

«Ενώ εσύ; Μου είχες πει ότι έχεις αιμορροΐδες;»

«Φυσικά όχι. Κι επιπλέον πού στο διάολο το ξέρεις;»

«Ο Φρεντ παρατηρεί. Είδα την αλοιφή στο μπάνιο. Δε μου είχες πει τίποτα, το ανακάλυψα μόνος μου.»

«Και λοιπόν;»

«Τώρα είμαστε πάτσι.»

«Είσαι τρελός.»

Εκείνος σήκωσε αδιάφορα τους ώμους του και ξάπλωσε ακόμα πιο αναπαυτικά στον καναπέ μου.

«Ούτε καν μου είχες πει ότι είσαι νευρικός, κι όμως δεν παρεξηγήθηκα. Σ' αφήνω να ζήσεις.»

Πλησίασα στο παράθυρο, το μέτωπό μου έκαιγε και το ακούμπησα στο τζάμι, σε μια προσπάθεια ν' ανακουφιστώ.

«Άκου Φρεντ, δεν ξέρω πού θέλεις να καταλήξεις, αλλά όλη αυτή η ιστορία έχει αρχίσει να μου σπάει τ' αρχίδια.»

«Θα πρέπει να ηρεμήσεις, για το καλό σου το λέω. Η ζωή είναι πιο ωραία απ' ό,τι νομίζεις.»

«Τάδε έφη Ζαρατούστρα!»

«Ε, τουλάχιστον ηρέμησε.»

Γύρισα προς το μέρος του, σηκώνοντας τα μανίκια μου.

«Τι σκατά να ηρεμήσω! Κι αυτή η ιστορία με τον κουτσό;

Δεν ξέρεις να κάνεις τίποτ' άλλο απ' το να αραδιάζεις παραμύθια; Εντάξει, με μένα δε ρισκάρεις τίποτα ιδιαίτερο, αλλά με την αστυνομία...»

«Είπα την καθαρή αλήθεια.»

Γέλασα πικρόχολα, δίνοντας μια γροθιά στην παλάμη του χεριού μου.

«Σκατά καθαρή! Σε μένα δεν πιάνουν αυτά.»

«Δε μ' αρέσει να 'μαι το καρφί, αλλά αν ασχοληθώ σοβαρά εγώ...»

«Δε σε πιστεύω, είσαι ψεύτης.»

«Σου λέω ότι είναι αλήθεια. Κοίταξε στο συρτάρι του κομοδίνου μου.»

«Τι είναι;»

«Η απόδειξη ότι λέω την αλήθεια.»

Πήγα να δω, μόνο και μόνο για να 'χω γι' άλλη μια φορά την ικανοποίηση να τον ξεμπροστιάσω, αλλά τελικά βρήκα μια χρυσή καρφίτσα. ΄Ετρεξα στον Φρεντ.

«Είναι η καρφίτσα... του δολοφόνου;»

«Φυσικά.»

«Στον αστυνόμο είπες ότι την έδωσες στον κουτσό.»

«Ε, αυτά είναι λεπτομέρειες... Θα τον φτιάξεις επιτέλους εκείνον τον καφέ;»

Άφησα το σώμα μου να πέσει στον καναπέ, σφίγγοντας την καρφίτσα, σαν να 'θελα να την εξαφανίσω.

«Είσαι τρελός, θα μας συλλάβουν και τους δύο.»

«Θέλεις να σου πληρώσω το νοίκι; Ε, λοιπόν να μ' εμπιστεύεσαι, αύριο θα πουλήσω την καρφίτσα και θα σου δώσω τα λεφτά σου... Α, άκου, το κλειδί του γραμματοκιβωτίου δεν το θέλω πια, μπορώ και το ανοίγω μόνος μου. Θέλεις να σου μάθω;»

«Όχι, όχι, δεν θέλω. Κι αυτή η ιστορία με την αρραβωνιαστικιά;»

«Εννοείς τη Μαρίνα; Καταπληκτική κοπέλα... Ξέρεις κι άλλες τέτοιες;»

«Όχι!»

«Εντάξει, μην ανησυχείς, της μιλούσα με τα καλύτερα λόγια για σένα όλη τη νύχτα.»

Πέρασα τη μέρα μου προσπαθώντας να ξεχάσω τη Μαρίνα και να κλείσω τις πληγές που είχε αφήσει αυτή η καταραμένη βραδιά στον εγωισμό μου. Δεν καταλάβαινα πώς αυτός ο μπαμπουίνος ο Φρεντ είχε τέτοια επιτυχία με τις γυναίκες. Ήταν φριχτό να ζηλεύω κάποιον που συνάμα μισούσα. Κι όσο για τη Μαρίνα, δεν μπορούσα να τη συγχωρήσω. Με πλήγωσε που την ξαναβρήκα και την έχασα την ίδια στιγμή. Την πουτάνα! Ποτέ μου δεν την είχα ξαναδεί τόσο ωραία. Έπρεπε να ξεφορτωθώ αυτό το τσιμπούρι, τον Φρεντ. Αμέσως. Κάπνισα πολύ, χωρίς να φάω. Είχε κλείσει το στομάχι μου, δεν ήθελα να ρίξω μέσα μου ούτε ψίχουλο.

Μόνο την επόμενη μέρα κατάφερα ν' ασχοληθώ με τη μετάφραση, χωρίς βέβαια να έχω καμία όρεξη. Καταριόμουν μία μία τις σελίδες και μισούσα όλους τους κηπουρούς του κόσμου.

Το τσιμπούρι είχε βγει, λέγοντάς μου ότι θα πήγαινε να πουλήσει την καρφίτσα σ' ένα μαρκήσιο φίλο του, σίγουρα κάποιον άλλο φρενοβλαβή, αλλά τουλάχιστον θα έπαιρνα τα λεφτά του ενοικίου.

Κατά τις πέντε τ' απόγευμα – εγώ μετέφραζα ακόμα – ο Φρεντ άνοιξε διάπλατα την πόρτα του δωματίου μου.

«Μπορώ;»

«Πες μου.»

«Κοίτα εδώ.»

Προχώρησε θριαμβευτικά και σχεδόν μου έβαλε τη μούρη μέσα σε μια σελίδα εφημερίδας. Είχε τη φωτογραφία ενός τύπου κοντού με δασύτριχο κρανίο, κι από κάτω έγραφε: *«Συνελήφθη ο δολοφόνος των ηλικιωμένων γυναικών»*.

Ο Φρεντ ήταν περιχαρής, ενώ εμένα μου ερχόταν σκοτοδίνη. Ήταν πραγματικά εκείνος ο μανάβης, δεν υπήρχε πια αμφιβολία. Άναψα ένα τσιγάρο κι άρχισα να διαβάζω την εφημερίδα. Ίσως ο κουτσός να είχε σκοτώσει και την ηλικιωμένη ιδιοκτήτρια του μανάβικου και να την είχε θάψει κάπου –ποιος ξέρει πού– ή ίσως και να την είχε κόψει κομματάκια και να τα έκρυβε τώρα στο ψυγείο του μαζί με τα πορτοκάλια. Ήθελα να κάνω εμετό. Ο Φρεντ χτύπησε με το χέρι του το άρθρο ακριβώς στον υπότιτλο που μιλούσε για την εξαιρετική ικανότητα της αστυνομίας και κυρίως του αστυνόμου Σκουάρτσι. Μετά μου τράβηξε την εφημερίδα κι άρχισε να παρατηρεί τη φωτογραφία του δολοφόνου.

«Βλέπεις; Τον έπιασαν αμέσως. Ήταν γνωστός στην αστυνομία, ένας φτωχός, κουτσός ψιλοτρελός, που μόλις είχε βγει απ' τη φυλακή. Λοιπόν τι λες; Έλεγα ψέματα;»

Νόμιζα ότι ζούσα έναν εφιάλτη, είχα φάει μήλα κι αχλάδια που τα είχε πιάσει στα χέρια του ένας δολοφόνος. Τα ίδια δάχτυλα που είχαν σκοτώσει αυτές τις καημένες γριούλες είχαν πιάσει τα φρούτα που έτρωγα τόσον καιρό. Έπρεπε πάση θυσία να τα πετάξω. Κοίταξα τον Φρεντ, σαν να περίμενα την επόμενη προσβολή του. Η χαμογελαστή του έκφραση με εκνεύρισε και για να ξεχάσω την υπόθεση με το μανάβη, γύρισα στα πιο χειροπιαστά πράγματα.

«Η καρφίτσα;»

«Περίμενε, άκου κι αυτό.»

Μου διάβασε όλο το άρθρο σαν να έπαιζε θέατρο, απ' την πρώτη μέχρι την τελευταία αράδα. Έκαναν μια πλήρη αναφορά των δολοφονιών και έπλεκαν το εγκώμιο στην αρχή της τάξης για την επιδεξιότητά της.

«Ούτε μια λέξη για μένα, τι μπάσταρδοι που είναι! Εάν δεν ήμουν εγώ...»

«Βέβαια, είσαι ένας ευεργέτης της Αστυνομίας. Τώρα πες μου για την καρφίτσα.»

«Την πούλησα.»

«Ωραία λοιπόν, μπορείς τώρα να μου δώσεις τα χρήματα;»

«Δε θέλεις να μάθεις πόσα μου έδωσαν;»

«Είναι δικό σου θέμα. Εγώ θέλω μόνο αυτά που μου ανήκουν δικαιωματικά.»

«Εε...»

«Ε, τι;»

«Θα σε πείραζε αν τα κρατούσα εγώ για την ώρα; Πρέπει να κάνω μια επένδυση. Διορία μία εβδομάδα και θα τα 'χεις τα λεφτά σου.»

«Τα θέλω τώρα.»

«Μην είσαι τόσο ανυπόμονος. Ήμουν ειλικρινής, έτσι δεν είναι; Θα μπορούσα να σου πω ότι δεν την πούλησα. Θα μπορούσες τουλάχιστον να εκτιμήσεις αυτή τη χειρονομία μου.»

«Την εκτιμώ, αλλά τα θέλω τώρα αμέσως.»

«Θα κάνουμε το εξής, εάν δεν τα πάρεις τώρα, θα σου δώσω τα διπλά, οκέυ;»

«Τι τα διπλά;»

«Σαν να συμμετέχεις κι εσύ στην επένδυση.»

«Δε συμμετέχω πουθενά μαζί σου.»

«Μα όχι, δε χρειάζεται να κάνεις τίποτα, θα τα κάνω όλα εγώ και σε μία εβδομάδα θα σου δώσω τα διπλά. Στο λόγο της τιμής του Φρεντ», κι έβαλε το χέρι στην καρδιά.

Ένιωσα πάρα πολύ κουρασμένος, ήταν ανώφελο να συνεχίσω αυτή τη γελοία συζήτηση. Δέχτηκα την πρότασή του και μ' ένα νεύμα τού ζήτησα να φύγει. Εκείνος έβηξε αμήχανα στη χούφτα του, με μια έκφραση μωρού που λέει ψέματα. Τον κοίταξα.

«Τι είναι πάλι;»

«Τίποτα ...τι θα 'λεγες να κάνουμε απόψε μια γιορτή;»

«Τι;»

«Χθες είχα τα γενέθλιά μου.»

«Χρόνια πολλά.»

«Θα καλέσω μερικούς φίλους και καμιά γυναίκα, είσαι μέσα;»

«Όχι, δεν είμαι μέσα.»

«Το ήξερα, ποτέ δεν έχεις όρεξη για διασκέδαση.»

Τον κοίταξα έντονα στα μάτια, παρ' ότι ήξερα καλά ότι δεν είχε κανένα νοήμα.

«Άκου Φρεντ, δεν έχω καμία διάθεση να ξαναδώ ρακένδυτους βαρόνους και πρίγκιπες. Εδώ κάνω κουμάντο εγώ, είναι το σπίτι μου, δε θα γίνει καμία γιορτή, εντάξει;»

«Οκέυ, όπως θέλεις, καμία γιορτή... Όμως ένα δείπνο θα μπορούσαμε να κάνουμε, ε;»

«Όχι!»

«Θα καλέσω μόνο το βαρόνο και τον κόμη. Η πρώτη εντύπωση που δίνουν δεν είναι απ' τις καλύτερες, το ξέρω, αλλά θα δεις, είναι πολύ καλοί άνθρωποι, ευγενικές ψυχές. Έμαθα πολλά απ' αυτούς. Έχε μου εμπιστοσύνη.»

Τον κοίταξα σαν να αντίκρυσα ξαφνικά έναν ξεκοιλιασμένο κόκορα.

«Παναγιά μου!»

«Τώρα πάλι τι είναι;»

«Τίποτα, τίποτα... απλώς δε θα κάνουμε καμία γιορτή,

τελείωσε! Τώρα άσε με στην ησυχία μου, πρέπει να δουλέψω.»

«Όπως θέλεις ...αλλά, τουλάχιστον, ετοιμάζουμε ένα δείπνο για τους δυο μας μόνο; Τι θα σου κοστίσει;»

Το σκέφτηκα για λίγο.

«Εντάξει, είμαι μέσα. Αλλά μόνο εάν τα ετοιμάσεις όλα εσύ.»

Με χτύπησε στην πλάτη.

«Το ήξερα ότι θα άλλαζες γνώμη στο τέλος. Είσαι φίλος.»

Βγήκε απ' το δωμάτιο, πριν προλάβω να τον βρίσω. Ήταν δύσκολο να μπορέσω να ξανασυγκεντρωθώ, γιατί επιπλέον σκεφτόμουν και το μανάβη, τα μήλα του που είχα φάει κι αυτά που είχα ακόμα στην κουζίνα. Ε, αντί να τα πετάξω, θα μπορούσα να τα κάνω δώρο στον Φρεντ.

Σιγά σιγά άρχισα να ξαναβρίσκω την ηρεμία μου. Στην ουσία και τι έγινε; Είχα αγοράσει μήλα κι αχλάδια από ένα δολοφόνο. Θα μπορούσε να συμβεί στον καθένα. Το καλύτερο που είχα να κάνω, ήταν να πλύνω καλά αυτά τα καταραμένα φρούτα και να μην ξανασκεφτώ από πού κι από ποιον τα πήρα. Ας αναπαυτεί η ψυχή των δύο ηλικιωμένων. Άναψα ένα τσιγάρο και ξανάρχισα τη δουλειά.

Δεν είχαν περάσει πέντε λεπτά κι ο Φρεντ έκανε την εμφάνισή του πάλι στο δωμάτιό μου, σκουπίζοντας τα χέρια του μ' ένα ξεσκονόπανο.

«Ξέρεις ότι γνώρισα την κοπέλα που μένει στον τελευταίο όροφο; Μου φαίνεται ότι τη λένε Τζιοβάνα. Πανέμορφη αυτή η κοπέλα, αλλά πολύ μυγιάγγιχτη... Μου είπε ότι γνωρίζεστε.»

Έσπασα το στυλό με τα δάχτυλά μου. Γι' αυτό δε με είχε χαιρετήσει η Τζιοβάνα. Πώς και δεν το σκέφτηκα!

«Ωχ, όχι κι αυτήν! Τι στο διάολο της έκανες;»

«Εγώ; Τίποτα! Δυο κουβέντες είπαμε στο πλατύσκαλο.»

Πέταξα ό,τι είχε μείνει απ' το στυλό στο γραφείο κι άρχισα να τρίβω τα χέρια μου, για να παρηγορηθώ.

«Πήγαινε Φρεντ, βγες απ' το δωμάτιο, θέλω να μείνω μόνος.»

«Έχεις δίκιο, συγνώμη, φεύγω... Θα σου ετοιμάσω ένα υπέροχο δείπνο...!»

Εξαφανίστηκε χωρίς να πει τίποτ' άλλο. Ήθελα να με πλακώσω στα χαστούκια. Και την Τζιοβάνα! Κι αυτήν! Ποτέ δεν είχαμε τσακωθεί, ούτε μια φορά σ' αυτά τα τρία χρόνια, θα μπορούσε να πει κανείς ότι είμαστε φίλοι. Και τώρα ήρθε αυτό το απίστευτο πλάσμα και τα κατέστρεψε όλα, γι' άλλη μια φορά.

Δεν είχα ποτέ κάποιο συγκεκριμένο σχέδιο για την Τζιοβάνα. Το είχα ξεκαθαρίσει στον εαυτό μου και είχα πει ότι είναι επικίνδυνο να έχεις ερωτική σχέση με κάποια από την ίδια πολυκατοικία. Εάν η ιστορία δεν πάει καλά, είσαι αναγκασμένος να κατεβαίνεις τις σκάλες σαν τρελός, μήπως και τη συναντήσεις. Καλύτερα να μείνουμε φίλοι, επαναλάμβανα με σύνεση και σοφία. Αλλά η αλήθεια ήταν άλλη, η Τζιοβάνα ήταν αυτή που πάντα αποφάσιζε ποιον θα ερωτευτεί, εγώ δεν ήμουν ποτέ απ' τους τυχερούς κι έτσι μείναμε μόνο φίλοι. Τρεις με τέσσερις φορές το χρόνο ανέβαινα σπίτι της και περνούσαμε το βράδυ μας πίνοντας, ακούγοντας μουσική, ενώ εκείνη μου εκμυστηρευόταν τις τελευταίες της απογοητεύσεις. Κάθε τόσο πεταγόταν ξαφνικά, για να μου κάνει λίγο μασάζ στο σβέρκο. Αυτό και μόνο μου έφτανε και μου περίσσευε. Η Τζιοβάνα ήταν πολύ όμορφη, και μόνο που την κοιτούσα μου έκανε καλό. Και τώρα όλα είχαν τελειώσει, ούτε καν με χαιρετούσε. Προσπάθησα να μην το σκέφτομαι πια, γιατί αλλιώς μπορεί να μου 'ρχόταν να πλακωθώ. Πήρα απ' το σωρό ένα άλλο στυλό, άναψα το ένατο τσιγάρο και συγκεντρώθηκα στη χειμερινή περιποίηση της αζαλέας. Άκουσα τον Φρεντ να βγαίνει και να ξαναμπαίνει και μετά τον άκουσα να "ραδιουργεί" στην κουζίνα.

Συνέχισα να δουλεύω χωρίς διακοπή, ολοένα και πιο κουρασμένος και συγχυσμένος. Στις οκτώ, πέταξα τη γόμα και σηκώθηκα μην μπορώντας να συγκρατήσω τα χασμουρητά μου. Σύρθηκα έξω απ' το δωμάτιο και πήγα στο καθιστικό, όπου είδα το τραπέζι στρωμένο για τέσσερις. Μου ξέφυγε μια στριγκλιά.

«Τι είναι αυτά;»

Ο Φρεντ εμφανίστηκε απ' την κουζίνα, σκουπίζοντας τα χέρια του σε μια ποδιά, ενώ πίσω του διέκρινα σύννεφα ατμού που μύριζαν κρεμμύδι.

«Είπες κάτι;»

Έδειξα το τραπέζι.

«Μάλλον πρόκειται για λάθος, βλέπω τέσσερα σερβίτσια.»

«Κανένα λάθος, είναι έκπληξη.»

«Δεν έχω καμία διάθεση για εκπλήξεις, κυρίως για τις δικές σου εκπλήξεις.»

Εκείνος με κοίταξε συνωμοτικά.

«Περίμενε να σου πω.»

«Δεν περιμένω, πες το τώρα.»

«Έτσι κι αλλιώς είναι πια αργά, είναι όλα έτοιμα.»

«Ποια όλα είναι έτοιμα;»

Δεν άντεχα άλλο πια. Μου έλειπαν πολύ εκείνες οι ωραίες μοναχικές βραδιές μου, οι μελαγχολικές, που άκουγα τα θλιμμένα μπλουζ των νέγρων που έκαναν τα τρελά τους, μόνος σαν σκυλί, ξαπλωμένος με τα σώβρακα στον καναπέ, οι βραδιές που έπινα γκράπα και κάπνιζα οχτακόσια τσιγάρα... Εκείνη τη στιγμή χτύπησε το κουδούνι. Ο Φρεντ πήρε ένα απ' τα συνηθισμένα του χαμόγελα.

«Αυτές είναι.»

«Αυτές ποιες;»

«Τώρα κάνε μου τη χάρη να συμπεριφερθείς καλά, οκέυ;»

Πήγε ν' ανοίξει, ενώ εγώ καταριόμουν τους αλητήριους και αλκοολικούς φίλους του, έτοιμος να πετάξω απ' τις σκάλες τους πρίγκιπες και τους βαρόνους. Όμως, έκαναν την εμφάνισή τους δύο αιθέρια πλάσματα, κατάξανθα κι απίστευτα κομψά, με μικροσκοπικές μίνι φουστίτσες και χαμηλά παπούτσια. Περπατούσαν στο πάτωμα, σαν να αεροβατούσαν. Ο Φρεντ τις έφερε μπροστά μου και μου τις σύστησε.

«Έντιθ και Τζούντιθ, είναι αδερφές... Γλύκες, ε; Είναι μισές Δανέζες.»

«Χάρηκα, Κάρλο.»

Τους έσφιξα το χέρι, πρώτα το ένα και μετά το άλλο, δύο χεράκια φρέσκα κι απαλά, ενώ ένιωθα κατακόκκινος απ' την αμηχανία μου. Ο Φρεντ σέρβιρε τα απεριτίφ κι έκανε τις αδερφούλες να γελούν με τις βλακείες του. Μετά εξαφανίστηκε στην κουζίνα αφήνοντάς με μόνο. Δεν μπορούσα ν' αναμετρηθώ με τον Φρεντ, προσπαθούσα μάταια να πω καμιά διασκεδαστική βλακεία, αλλά οι δύο άγγελοι δε γελούσαν πια. Βυθιστήκαμε σε μια ανυπόφορη σιωπή. Στο τέλος σηκώθηκα, ζήτησα συγνώμη και πήγα στην κουζίνα.

«Φρεντ, έλα σε παρακαλώ.»

«Πρόβλημα;»

«Όχι, απλώς δεν ξέρω τι να πω.»

Εκείνος ανακάτευε κάτι σε μια κατσαρόλα με μεγάλη προσήλωση.

«Τώρα δεν μπορώ, βάλε μουσική, πάρ' τες να χορέψετε.»

«Προσπάθησε να κάνεις γρήγορα.»

«Καλές, ε; Με τον Φρεντ κερδίζεις πάντα.»

Πρέπει να ήταν η αγαπημένη του ατάκα. Όμως εγώ δεν ήξερα τι να πω, ήθελα απλώς να κερδίσω χρόνο, για να μη γυρίσω πίσω μόνος μου.

«Καλές, ναι.»

«Ακόμα εδώ είσαι;»

«Ναι... Όχι... Ήθελα να πω ...Πού τις βρήκες;»

«Τι σημασία έχει; Τώρα είναι εδώ, ε;»

«Φυσικά.»

«Η δικιά σου είναι αυτή με την κόκκινη φούστα.»

«Η δικιά μου;»

«Έλα, πήγαινε να ζεστάνεις λίγο την ατμόσφαιρα, έρχομαι αμέσως.»

Γύρισα στην Έντιθ και την Τζούντιθ, προσπάθησα να το παίξω άνετος. Ένα απόλυτο φιάσκο. Ο Φρεντ μας βρήκε καθισμένους να κοιτάμε το κενό, αλλά σε λίγα λεπτά η ατμόσφαιρα αμέσως άλλαξε.

Το δείπνο ήταν εξαιρετικό. Αυτό το κτήνος ο Φρεντ ήταν έξοχος μάγειρας. Η αμηχανία μου άρχισε σιγά σιγά να πνίγεται αβοήθητη στο αλκοόλ, και κατάφερα κι εγώ να προκαλέσω κάποια χαμόγελα σ' αυτές τις αγγελικές αδερφούλες. Ένιωσα ικανοποιημένος από την απόδοσή μου κι ήπια ακόμα περισσότερο. Ο Φρεντ είχε δίκιο, ήταν ευχάριστο να διασκεδάζεις. Μετά το γλυκό, ξέθαψα ένα μπουκάλι βότκα, και οι δύο άγγελοι άρχισαν να κατεβάζουν τη βότκα σαν νεράκι.

Όσο για τον Φρεντ ...τι να λέμε. Μέσα σε δέκα λεπτά είχαμε γίνει και οι τέσσερις στουπί. Γελούσαμε μέχρι δακρύων με την παραμικρή μαλακία. Δεν υπήρχε λόγος να μιλάμε. Συνεχίσαμε έτσι κανένα μισάωρο. Μετά ο Φρεντ πήρε την Τζούντιθ απ' το χέρι και την πήγε στον καναπέ, αρχίζοντας τα υπονούμενα και τα διφορούμενα ερωτικά τερτίπια. Κοίταξα την Έντιθ που μου χαμογελούσε, σαν να με καλούσε να κάνω το ίδιο. Όμως όχι, δε μου άρεσε έτσι, φαινόταν πολύ εύκολο και στημένο, σαν να ήταν συμβόλαιο που έπρεπε να τηρήσουμε, χωρίς συναίσθημα. Τουλάχιστον έτσι το έβλεπα εγώ. Η Έντιθ ήταν όμορφη, αιθέρια, πολύ κομψή και μύριζε ροδάκινο. Αλλά στην ουσία δε μου άρεσε. Ο Φρεντ μου έκανε νοήμα με το βλέμμα του, κι όλη αυτή η ιστορία άρχισε να μ' ενοχλεί. Ένιωθα αναγκασμένος να κάνω κάτι που δεν είχα επιλέξει. Τους πρότεινα να πάμε για καμιά μπίρα. Ο Φρεντ κι οι δύο άγγελοι με κοίταξαν έκπληκτοι, η Έντιθ σήκωσε αδιάφορα τους ώμους της και πήγε κι έκατσε με τους άλλους στον καναπέ. Όταν είδα τον Φρεντ να τις αγκαλιάζει και τις δύο, έβαλα το παλτό μου κι έφυγα.

Ένα ξεφτισμένο πέπλο νέφους περιπλανιόταν στους σκοτεινούς δρόμους της γειτονιάς. Έκανε φοβερό κρύο, αλλά επιτέλους αισθανόμουν ελεύθερος. Είδα ένα θάλαμο και τηλεφώνησα στη Μαρίνα. Ίσως ο Φρεντ να είχε πει ψέματα, και να μην είχε συμβεί κάτι μεταξύ τους. Ήθελα να μάθω. Αλλά έπεσα πάνω σ' αυτόν τον καταραμένο τηλεφωνητή της κι έκλεισα, χωρίς ν' αφήσω μήνυμα.

Συνέχισα να περπατάω χωρίς συγκεκριμένο προορισμό, ανακαλώντας το παρελθόν, επαναφέροντας στη μνήμη μου όλες εκείνες τις ιστοριούλες μου που είχαν άσχημο τέλος. Ήταν ατέλειωτες, κι εγώ ούτε μία φορά δεν είχα διώξει γυναίκα. Ήταν πάντα εκείνες, οι γυναίκες, που με άφηναν. Εγώ ποτέ.

Κοντά στην Τορέτα βρήκα ένα μπαρ που μόλις έκλεινε και ρώτησα αν μπορούσα να πιω μια μπίρα στα γρήγορα. Ο τύπος μέσα από την μπάρα σήκωσε την παλάμη του μ' ανοιχτά τα δάχτυλα.

«Πέντε λεπτά, μετά τα μαζεύω.»

«Μου φτάνουν και τέσσερα.» Το προόριζα για αστειάκι, αλλά ο τύπος δε γέλασε. Μου γέμισε το ποτήρι κοιτάζοντάς το λες και κατουρούσε μέσα και μετά το άφησε με δύναμη στον πάγκο.

«Τέσσερις χιλιάδες.» Ήπια την μπίρα καθισμένος σ' έναν πάγκο δίπλα στο παράθυρο, κοιτάζοντας έξω το δρόμο. Μια κοπελίτσα λεπτούλα σαν κλαράκι πέταξε στο πάτωμα ένα σφουγγαρόπανο ανασαίνοντας βαριά, λες και είχε κάνει μόλις κάποιο σάλτο, με τα μαλλιά της ακατάστατα μαζεμένα σ' έναν πρόχειρο κότσο πίσω στο σβέρκο. Φαινόταν να βιάζεται. Της χαμογέλασα, για να κρύψω τη λύπη μου γι' αυτό που έβλεπα. Εκείνη κοκκίνισε και χαμήλωσε το βλέμμα της, όσο με πλησίαζε σέρνοντας πίσω της το σφουγγαρόπανο κι αναγκάζοντάς με να σηκώσω τα πόδια μου. Άκουσα έναν ψίθυρο.

«Τελειώνω σ' ένα τέταρτο.»

«Πώς;»

«Σας, σ' ένα τέταρτο, εδώ στη γωνία της Άφρικο, αλλά να μη σας δουν», κι έφυγε συνεχίζοντας να σφουγγαρίζει.

Ο μπάρμαν με κοίταζε έντονα στα μάτια με ανυπομονησία. Τελείωσα την μπίρα μου και βγήκα έξω. Δεν ήξερα τι να κάνω. Δε μου είχε συμβεί ποτέ να με καλέσει μια κοπέλα μ' αυτόν τον τρόπο. Κι επιπλέον ήταν πάρα πολύ μικρή. Και πολύ, πάρα πολύ αδύνατη. Κι όμως την περίμενα, κρυμμένος πίσω από μια γωνία σαν κλέφτης, χουχουλιάζοντας τα χέρια μου, για να ζεσταθώ. Την είδα να βγαίνει μαζί με τον τύπο του μπαρ. Εκείνος πήγε απ' την άλλη μεριά κι εκείνη ήρθε προς το μέρος μου, περπατώντας σαν πουλάρι. Με πλησίασε. Είχε ένα θλιμμένο πρόσωπο, που τώρα ήταν κρυμμένο μέσα στην κουκούλα ενός πολύ ωραίου μπλε μπουφάν. Είχε λύσει τα μαλλιά της, που έφταναν μέχρι τη μέση της πλάτης της, στιλπνά και λαμπερά.

«Με συνοδεύεις μέχρι το σπίτι μου;»

«Πού μένεις;»

«Εδώ κοντά.»

Προχώρησε χωρίς να με περιμένει και την ακολούθησα. Έκανε τσουχτερό κρύο. Απ' τα στόματά μας έβγαιναν παγωμένες, αχνιστές ανάσες. Ο ουρανός ήταν βαρύς κι είχε μόνο ένα γκρίζο σύννεφο. Ο κλασικός θλιμμένος ουρανός, ό,τι έπρεπε για την περίσταση. Εκείνη αναστέναξε, δεν καταλάβαινα αν ήταν από λύπη ή αμηχανία.

«Πώς σε λένε;»

«Κάρλο. Εσένα;»

Της ξέφυγε ένα μικρό γελάκι.

«Κάρλα. Αστείο, ε;»

«Πολύ αστείο.»

Περπατούσαμε με απόσταση μισό μέτρο ο ένας απ' τον άλλο, δίχως να μιλάμε. Εκείνη άκαμπτη σαν στύλος, χτυπούσε τα τακούνια της στο πεζοδρόμιο, σαν να 'θελε να μας ακούσει όλο το τετράγωνο. Εγώ, σιωπηλός και παγωμένος, δεν μπορούσα να καταλάβω σε τι ιστορία είχα μπλέξει πάλι. Περάσαμε κάτω απ' τη γέφυρα της Άφρικο και προχωρήσαμε προς την οδό Τζιομπέρτι. Στο βάθος του δρόμου φαινόταν η κίνηση της πλατείας Μπεκαρία να κυλάει γρήγορα κι αδιάφορα. Εκείνη έβγαλε ένα κουτάκι με καραμέλες απ' την τσέπη της και το έφερε κοντά μου κρατώντας το με τις άκρες των δαχτύλων της.

«Θέλεις μία;»

«Ευχαριστώ.»

«Είναι με γλυκόριζα.»

Πήρα την καραμέλα απ' το αδύναμο χέρι της, που το μισό ήταν κρυμμένο στο μανίκι του μπουφάν.

«Γιατί ήθελες να με δεις;»

Εκείνη σήκωσε τους ώμους της αδιάφορα, χωρίς να με κοιτάξει.

«Μου φάνηκες συμπαθητικός κι επιπλέον φοβάμαι να γυρνάω σπίτι μόνη μου.»

«Δεν έχεις αγόρι ...κάποιον που να μπορεί να 'ρθει να σε πάρει;»

«Δεν ξέρω.»

«Τι σημαίνει δεν ξέρω;»

Εκείνη δεν απάντησε. Μου φάνηκε ότι την είδα ν' ανατριχιάζει.

«Κρυώνεις;»

Κούνησε αρνητικά το κεφάλι της.

«Πριν λίγες μέρες με ακολούθησε ένας μανιακός.»

Το είπε σχεδόν με περηφάνια, σαν να ήταν ένα σημαντικό γεγονός.

«Πού το ξέρεις ότι ήταν μανιακός; Ίσως να ήταν απλώς ερωτευμένος μαζί σου.»

«Ένας ερωτευμένος δε λέει τέτοια πράγματα.»

Δεν τη ρώτησα τι ακριβώς, αλλά προσπάθησα να της κάνω τον έξυπνο.

«Κι εγώ μπορεί να είμαι μανιακός, ε;»

«Όχι!»

«Και γιατί παρακαλώ;»

«Δεν έχεις φάτσα μανιακού.»

«Τι φάτσα έχουν οι μανιακοί;»

Εκείνη ανατρίχιασε πάλι, και τυλίχτηκε μέσα στο μπουφάν της, σαν να 'θελε να κρυφτεί.

«Έχουν μια φάτσα... απαίσια.»

«Αυτός που σε ακολουθούσε είχε απαίσια φάτσα;»

«Ήταν τρομερό, είχε ένα μελανιασμένο μάτι και περπατούσε σαν να ήταν καμιά του δρόμου.»

Ο Φρεντ! Πάλι αυτός! Δεν του έφταναν οι Σαντίνες, οι Μαρίνες, οι Τζιοβάνες, οι φτωχές θλιμμένες πουτάνες και οι αιθέριοι δανέζοι άγγελοι, ακολουθούσε και κοπέλες στο δρόμο! Κι έλεγε χυδαιότητες! Έπρεπε ν' απαλλαγώ από δαύτον όσο το δυνατόν γρηγορότερα... ΟΣΟ ΤΟ ΔΥΝΑΤΟΝ ΓΡΗΓΟΡΟΤΕΡΑ! Αυτή τη φράση την είχα σκεφτεί χιλιάδες φορές, γιατί όμως δεν τα κατάφερνα να τον διώξω στα σοβαρά; Θεέ μου! Ήταν σαν να έχεις μια τσίχλα κολλημένη στο παπούτσι σου. Αλλά επιτέλους βρήκα μια γυναίκα που απεχθανόταν τη φάτσα αυτού του γουρουνιού. Έπεφταν όλες στα πόδια του. Ακόμα και στην κυρία Ατιλία άρεσε. Αλλά επιτέλους εμφανίστηκε η Κάρλα. Πάντως ένιωθα ικανοποιημένος. Συνόδευα στο σπίτι του αυτό το αδύναμο πλάσμα και το έβλεπα ως υποχρεώση. Φυσικά, για να λέμε και την αλήθεια, αυτός ο τρελός που την είχε ακολουθήσει μπορεί να μην ήταν ο Φρεντ, αλλά η απέχθειά μου γι' αυτό το άτομο με έκανε να τυφλώνομαι. Μπράβο Κάρλα! Κι εσένα σ' εκνευρίζει ο Φρεντ. Θα τα πάμε μια χαρά οι δυο μας!

Εκείνη έστριψε κάτω απ' την αψίδα της οδού Λούνα, στο δρομάκι που ήταν το πλέον στενό και σκοτεινό της περιοχής. Τώρα καταλάβαινα γιατί δεν ήθελε να γυρίσει σπίτι μόνη της. Μ' εμένα δίπλα της αισθανόταν σιγουριά, κι είχε δίκιο. Ο θόρυβος απ' τα τακούνια της ακουγόταν ρυθμικά και γλυκά στ' αυτιά μου, σαν υπνωτιστής μετρονόμος. Η καταχνιά πύκνωνε κι είχε μείνει ακίνητη εκεί, χαμηλά, στο μισό μέτρο απ' την άσφαλτο.

«Φτάσαμε σχεδόν» είπε. Ξαφνικά τινάχτηκε ολόκληρη και κοντοστάθηκε. Κοίταξα εκεί που κοιτούσε και από μακριά είδα μια ανθρώπινη φιγούρα, που στηριζόταν σε μια λάμπα του δρόμου. Μια φιγούρα τεράστια, κουκουλωμένη σ' ένα σκούρο παλτό. Κάτω απ' το καπέλο που έφτανε μέχρι τα μάτια του, έβγαιναν σύννεφα νευρικού καπνού. Η καρδιά μου άρχισε να χτυπάει δυνατά.

«Φοβάσαι;»

«Ναι.»

Το είπε μ' ένα μελαγχολικό ψίθυρο, προχωρώντας αργά. Από ένστικτο την πλησίασα, για να πάρω και να δώσω κουράγιο.

«Τον ξέρεις;»

Κούνησε καταφατικά το κεφάλι της.

«Είναι ο πρώην φίλος μου. Τον παράτησα.»

΄Ενιωσα καλύτερα, δεν ήταν ούτε κανένας μανιακός, ούτε κανένας κλέφτης.

«Ωραία, οπότε όλα καλά, ε;»

«΄Οχι.»

«Γιατί όχι;»

Ο τόνος της φωνής της μ' αναστάτωσε πάλι. Σταμάτησε εκείνη, σταμάτησα κι εγώ μαζί της. Η φιγούρα πέταξε μακριά το τσιγάρο κι έφυγε από τη λάμπα. Εκείνη έφερε το χέρι στο λαιμό της, λες και δεν μπορούσε ν' αναπνεύσει.

«Είναι μποξέρ, δεν του φαίνεται, αλλά είναι μποξέρ.»

Γιατί σε μένα; Δεν μπορούσε να συμβεί κάτι τέτοιο και στον Φρεντ;

Ο μποξέρ στεκόταν στη μέση του πεζοδρομίου μ' ανοιχτά

τα πόδια, τα χέρια του τα 'χε δεμένα πίσω. Χοροπηδούσε πάνω στις φτέρνες του σαν τον Μουσολίνι. Το πρόσωπό του δεν το έβλεπα, αλλά το φανταζόμουν, κάτι που ήταν ακόμα χειρότερο. Μου φαινόταν ότι χαμογελούσε ολόκληρος, αλλά όχι από χαρά. Η Κάρλα έβγαλε απ' την τσέπη της τα κλειδιά του σπιτιού και τα κράτησε στο χέρι. Ήμασταν μόλις δέκα μέτρα πριν απ' το σημείο σύγκρουσης. Εκείνη μου μίλησε χωρίς να κουνήσει το στόμα της, κάτι σαν θρόισμα.

«Βοήθησέ με, σε παρακαλώ.»

«Εάν μπορώ, ευχαρίστως.»

«Βοήθησέ με, σε παρακαλώ, είναι τρελός.»

Προσπάθησα να την καθησυχάσω, αλλά η φωνή μου έτρεμε.

«Περίμενε εδώ.»

Άρχισα να περπατάω προς τον μποξέρ, με σηκωμένα τα χέρια μου κι ενώ σχημάτιζα με τα δάχτυλα το σήμα της ειρήνης.

«Έλα, δεν υπάρχει λόγος να κάνουμε σκηνές, είμαστε πολιτισμένοι άνθρωποι, ε;»

Εκείνος αναπήδησε γι' άλλη μια φορά στις φτέρνες του, σιωπηλός, καρφώνοντας την πρώην του που είχε σταματήσει μόλις ένα μέτρο πιο πέρα από μας, με τα κλειδιά στο χέρι. Τώρα ξεχώριζα το πρόσωπό του, κι είχα μείνει σαν στήλη άλατος.

«Κοιτάξτε, εγώ δεν έχω καμία σχέση, απλώς μου ζήτησε να τη συνοδεύσω στο σπίτι, επειδή δεν αισθανόταν ασφαλής, αυτό είναι όλο... κι εγώ, φυσικά...»

Εκείνος τελικά με κοίταξε. Το πάνω χείλος του παλλόταν σαν το λειρί κόκορα.

«Φυσικά.»

Έβλεπα τη γροθιά να κατευθύνεται προς το μέρος μου σαν σε αργή κίνηση, μια τεράστια γροθιά, σκοτεινή και γεμάτη κόκαλα. Πριν απ' το χτύπημα άκουσα το θόρυβο που έκανε η μύτη μου ενώ θρυμματιζόταν, κι είδα αστράκια, πολλά αστράκια, διαφόρων χρωμάτων και διαστάσεων. Όταν ξανάνοιξα τα μάτια μου, είδα το σκοτεινό ουρανό, το φως του φεγγαριού που κατευθυνόταν ανώφελα πίσω απ' τα πυκνά σύννεφα. Προσπάθησα να σηκωθώ, στηριγμένος στους αγκώνες μου. Ήταν ένα δευτερόλεπτο μεγάλης διάρκειας, γεμάτο από γεγονότα, αν προσπαθούσαμε να το δούμε λίγο ποιητικά. Κατάπια μια παχιά γουλιά αίμα, πικρό και γλυκό συγχρόνως, και εξαιτίας κάποιας χημικής ή ψυχολογικής αντίδρασης χαμογέλασα, ξέσπασα σε πραγματικά γέλια, σχεδόν επώδυνα, που μετά έγιναν βήχας. Σε κάθε προσπάθεια που έκανα, έβλεπα μια κόκκινη ψιχάλα να βγαίνει απ' το στόμα μου. Αφέθηκα πάλι στην άσφαλτο, εξαντλημένος απ' την προσπάθεια. Ήμουν μούσκεμα απ' την ομίχλη, κι ο κόσμος από πάνω μου κρεμόταν σαν από μια κλωστή. Άκουσα ένα δυνατό θόρυβο. Ήταν η Κάρλα. Εκμεταλλεύτηκε σωστά την μπουνιά και μπήκε γρήγορα στην πολυκατοικία χτυπώντας με δύναμη την πόρτα. Στη θέση της κι εγώ το ίδιο θα 'κανα. Μπράβο Κάρλα. Την είδα να κοιτάζει από ένα παντζούρι με γρίλιες, κουνώντας μου το χέρι της.

«Ευχαριστώ πάρα πολύ. Γεια» πρέπει να μου έλεγε.

Κι εγώ είπα «γεια», ή τουλάχιστον προσπάθησα. Μετά είδα τον μποξέρ να εκτινάσσεται προς την είσοδο της πολυκατοικίας χτυπώντας την λυσσασμένα.

«Άνοιξε σκύλα! Άνοιξε, γιατί αλλιώς θα γκρεμίσω όλη την πολυκατοικία!»

Άνοιξαν πολλά παράθυρα, εμφανίστηκαν γέροι με πιτζάμες, περίεργοι, σιωπηλοί. Ο μποξέρ τους απειλούσε όλους με μια γροθιά στον αέρα και κλοτσούσε την πόρτα της πολυκατοικίας σαν τρελός. Του έπεσε το καπέλο, το κρανίο του ήταν στρογγυλό και στην ουσία δεν είχε λαιμό. Απ' το στόμα του έφτυνε χιλιάδες βρισιές. Όταν συνειδητοποίησε ότι αυτή η καταραμένη πόρτα δε θα άνοιγε, στράφηκε σε μένα. Με άκουσε ν' ανασαίνω βαριά σαν να είχα αγκιστρωθεί σε κάποιο γερανό, και βρέθηκα πρόσωπο με πρόσωπο μ' αυτό το μανιασμένο κτήνος.

«Ας λογικευτούμε...» προσπάθησα να του πω.

Εκείνος μου έδειξε τα κιτρινισμένα δόντια του.

«Βέβαια.»

Αυτή τη φορά την τιμητική του την είχε το στομάχι μου. Δεν είχα ξαναπονέσει τόσο πολύ, εκτός από τότε που είχα πάθει σκωληκοειδίτιδα και έπρεπε να μ' εγχειρήσουν αμέσως. Διπλωμένος στα δύο σερνόμουν στο έδαφος σαν σκουλήκι, βρίσκοντας, ωστόσο, χρόνο να σκεφτώ ότι ακόμα κι όλα αυτά είχαν γίνει εξαιτίας του φίλου μου του Φρεντ ...έμμεσα, ίσως, αλλά εκείνος πάλι είχε βάλει το δαχτυλάκι του! Σύρθηκα προς τον τοίχο κι άρχισα να ξερνάω σιωπηλά το δείπνο, αντίστροφα, πρώτα το γλυκό, μετά τα φρούτα, το γαρνίρισμα, το δεύτερο πιάτο, τα ζυμαρικά και τελευταία τα ορεκτικά. Στο τρίτο χτύπημα στο σβέρκο, λιποθύμησα.

Ξύπνησα απ' τον ήχο μιας σειρήνας που ακουγόταν από μακριά. Άκουσα το κτήνος ν' απομακρύνεται τρέχοντας προς την Τζιότο, βρίζοντας αυτή τη φορά το σύμπαν. Δεν μπορούσα να κουνηθώ, πονούσα παντού. Το στόμα μου ακουμπούσε στην άσφαλτο και ήμουν γεμάτος σάλια. Η σειρήνα πλησίαζε, άκουσα έναν τσιριχτό ήχο από λάστιχα αυτοκινήτου και το θόρυβο από δύο πόρτες που χτυπούσαν. Βήματα βιαστικά, και αμέσως μετά ένιωσα χέρια να μ' αγγίζουν.

«Όχι, μην τον μετακινείτε.»

Μια άλλη φωνή είπε να φωνάξουν γρήγορα ένα ασθενοφόρο. Άκουσα κάποιον να τρέχει. Μετά, σκοτάδι.

Άνοιξα τα μάτια μου και τα είδα όλα λευκά. Δοκίμασα να κουνηθώ και παραιτήθηκα από τους χιλιάδες πόνους που ένιωσα σε όλο μου το σώμα, που ποτέ δεν μπορούσα να φανταστώ ότι θα μπορούσα να τους νιώσω όλους μαζί. Ένιωθα το κάθε κόκαλο και τον κάθε μυ μου να δηλώνουν ένα πονεμένο παρόν. Μια μοναδική εμπειρία, καινούργια. Δεν μπορούσα να αναπνεύσω πια με τη μύτη κι έπρεπε να έχω ανοιχτό το στόμα. Μέσα στο λευκό που είχαν χορτάσει τα μάτια μου εμφανίστηκε ένα γυναικείο πρόσωπο που μου φάνηκε πανέμορφο, λαμπερό σαν αστραφτερό ψάρι στον ήλιο. Ένας φύλακας άγγελος.

«Πώς αισθάνεστε;»

Ήθελα να πω κάτι, αλλά όταν κουνούσα τη γλώσσα μου, με πονούσαν τα δόντια μου. Ο άγγελος χαμογέλασε. Φορούσε στο κεφάλι ένα λευκό σκουφάκι, κι απ' έξω ξεχείλιζαν τα χρυσαφένια της μαλλιά.

«Μην κουνιέστε, δεν έχετε σπάσει τίποτα, αλλά είναι καλύτερα να μην κουνιέστε. Σας αρέσει να σας μιλάω;»

Προσπάθησα να πω ναι, παραμερίζοντας τον πόνο μου. Μου άρεσε αυτή η ευγενική φωνή που ασχολιόταν μαζί μου. Εκείνη έσκυψε μπροστά, μαλακά, για να διορθώσει κάτι κάτω απ' το κεφάλι μου, και βρέθηκα με τα μάτια μου ν' απέχουν μόλις μερικά εκατοστά απ' το λαιμό της. Το δέρμα της ήταν χρυσαφένιο, ξεχείλιζε ζωή. Ποτέ μέχρι εκείνη τη στιγμή δεν είχα καταλάβει τους μηχανισμούς της φύσης.

«Λέγομαι Μπάρμπαρα... Όχι, μην πιέζεστε, θα σας τα πω όλα εγώ. Θέλετε να σας φτιάξω καλύτερα το μαξιλάρι;»

Φυσικά και ήθελα! Θα ήμουν ο πιο ευτυχισμένος άνθρωπος του κόσμου, αν μου έφτιαχνε το μαξιλάρι! Της έδωσα να το καταλάβει γουρλώνοντας τα μάτια μου.

«Ωραία» είπε εκείνη. Τα έκανε όλα με μεγάλη προσοχή και με τρυφερότητα, κι εγώ ένιωθα ένας γελοίος δειλός που τέτοια ώρα κρυφοκοίταζε το ντεκολτέ της. Θα ήθελα να μυρίσω το άρωμά της, αλλά η μύτη μου δε λειτουργούσε, ήταν φραγμένη με κάτι. Εκείνη σταμάτησε να τακτοποιεί το μαξιλάρι κι απομακρύνθηκε μερικά βήματα. Φοβήθηκα ότι θα έφευγε, και δεν μπορούσα να τη φωνάξω, γιατί δε μου έβγαινε η φωνή. Κουνήθηκα κι εκείνη το κατάλαβε. Γύρισε προς το μέρος μου.

«Μην ανησυχείτε, εδώ είμαι.» Πώς με κατάλαβαινε! Σήκωσε λίγο το σεντόνι και γλίστρησε το χέρι της προς το στήθος μου... Ποιος ξέρει τι νόμιζα! Αλλά εκείνη απλώς ήθελε να βάλει το θερμόμετρο κάτω απ' τη μασχάλη μου. Μετά είδε τη θερμοκρασία και χαμογέλασε.

«Πάτε πολύ καλύτερα.»

Κοιτάζοντάς την φανταζόμουν ηλιόλουστες ακρογιαλιές και γυμνά κορμιά αγκαλιασμένα, φιλιά, απόκρυφες μυρωδιές, να κάνεις έρωτα με τους αγγέλους...

«Ξέρετε σε ποιο νοσοκομείο είστε;» Όχι, δεν ήξερα. Εκείνη αναζήτησε τη φλέβα στον καρπό μου, κι έβαλε πάνω της τον απαλό της αντίχειρα. Αγγιζόμασταν.

«Είναι το Τραυματολογικό της λεωφόρου Μικελάντζελο. Ξέρω ότι λέγεστε Κάρλο, το διάβασα στην καρτέλα σας. Ο αρχίατρος είπε ότι και αυτοκίνητο να σας είχε πατήσει καλύτερα θα ήσασταν, αλλά θα γίνετε γρήγορα καλά..., ο σφυγμός σας είναι καλός.» Έγραψε κάτι στην καρτέλα.

«Τώρα πονάτε, επειδή έχετε τους μώλωπες, έχετε μώλωπες σχεδόν παντού, αλλά μην ανησυχείτε, τα δόντια σας είναι ακόμα στη θέση τους. Βέβαια, τη μύτη σας έπρεπε να την εγχειρήσουν... Θέλετε λίγο νερό;»

Είπα ναι, μόνο και μόνο επειδή μου άρεσε η ιδέα να μου βάζει εκείνη το νερό στο στόμα. Η Μπάρμπαρα μου σήκωσε το κεφάλι με το χέρι της πίσω από το σβέρκο μου και μού έφερε στο στόμα το ποτήρι με το νερό. Ήπια μόλις και μετά βίας μια γουλιά, αυτή τη φορά κοιτάζοντάς την στα μάτια. Είχαν το μπλε της θάλασσας. Θα ήθελα να της το πω, αλλά δεν είχα τη δύναμη. Μετά από λίγο αποκοιμήθηκα.

Ξύπνησα το επόμενο πρωί, το ίδιο πονεμένος. Ήμουν σ' ένα δωμάτιο με έξι κρεβάτια, όλα άδεια εκτός από ένα, όπου κοιμόταν ένας χλομός γέρος με σκελετωμένο πρόσωπο. Άγγιξα τη μύτη μου. Ήταν φουσκωμένη κι έτσουζε. Ήρθε ο αρχίατρος να με δει μαζί με μια κουστωδία ειδικευόμενων γιατρών. Ήταν ένας άντρας κοντός και χοντρός, με κοντά χέρια που έπεφταν ελεύθερα στο πλάι του, σαν να ήταν ξεβιδωμένα. Διάβασε την καρτέλα μου ρίχνοντάς μου παράλληλα σκοτεινές ματιές. Καθώς έφευγε τον άκουσα να λέει: «Αν καταφέρει να κατέβει απ' το κρεβάτι, αφήστε τον να φύγει, αλλά αμφιβάλλω αν θα τα καταφέρει».

Μετά από λίγο ήρθαν δύο νοσοκόμες και πήραν το γεράκο. Δεν κοιμόταν, ήταν νεκρός. Τον έβαλαν σ' ένα φορείο και τον έβγαλαν απ' το δωμάτιο. Ένιωσα ένα απίστευτο πλάκωμα, ήθελα να κουνηθώ, να σηκωθώ, να φύγω, να ζήσω. Δοκίμασα να κατέβω απ' το κρεβάτι. Ο σβέρκος μου ήταν διαλυμένος, η προσπάθεια κράτησε πολύ κι ήταν δύσκολη, αλλά στο τέλος τα κατάφερα. Ήρθε μια χοντρή νοσοκόμα με κόκκινα μαλλιά, και χωρίς πολλά κομπλιμέντα με ξανάριξε στο κρεβάτι, σχολιάζοντας με το χειρότερο τρόπο τις δυνάμεις μου και προκαλώντας μου με την επέμβασή της δυνατές σουβλιές στο σβέρκο.

«Πού νομίζετε ότι μπορείτε να πάτε;» Αδιαφορούσε σαφέστατα για τα βογκητά μου.

«Μα ο αρχίατρος είπε...»

«Ξαπλώστε αμέσως.» Μου έκανε μια ένεση που δεν τελείωνε ποτέ. Αισθανόμουν άσχημα, το υγρό μού έκαιγε το κρέας.

«Πού είναι η Μπάρμπαρα;»

«Να τα μας!»

«Δεν είναι εδώ;»

«Όχι, κούκλε, δεν είναι εδώ, έχει βραδινή βάρδια.»

«Τι ώρα έρχεται;»

«Απόψε δε θά 'ρθει.»

«Γιατί;»

«Άκου, κούκλε, δε θά 'ρθει. Τελείωσε. Άντε να γίνεις καλά τώρα.»

«Αισθάνομαι καλά, τ' ορκίζομαι, αφήστε με να πάω σπίτι μου.»

«Κάνεις το γενναίο... Κάτσε, σε λίγο θα φας.»

Εκείνη τη στιγμή μπήκε ο αστυνόμος Σκουάρτσι, με χαιρέτησε μ' ένα νεύμα και στάθηκε όρθιος μπροστά στο κρεβάτι. Περίμενε μέχρι να φύγει η νοσοκόμα, μετά έβαλε στο στόμα του ένα τσιγάρο χωρίς να το ανάψει.

«Τι σας συνέβη;»

«Τίποτα ιδιαίτερο, απλώς έφαγα μερικές μπουνιές.»

Ήμουν φυλακισμένος σ' αυτό το νοσοκομείο ανάμεσα σε αγνώστους, κι η θλιμμένη φιγούρα του σχεδόν μου έφτιαξε τη διάθεση. Μου φάνηκε ότι χαμογέλασε. Ακούμπησα τους αγκώνες μου στα σιδερένια κάγκελα του κρεβατιού.

«Δε θέλετε να καταγγείλετε τον καβγά;»

«Γιατί; Σε μια εβδομάδα θα είμαι καλύτερα.»

«Όπως θέλετε...»

«Αστυνόμε, μη μου πείτε ότι ήρθατε μέχρι εδώ, μόνο και μόνο για να με δείτε.»

Εκείνος κούνησε το κεφάλι του.

«Σας είδα τυχαία. Έγινε μία ληστεία, σήμερα το πρωί, τέσσερις νεκροί, ένας απ' τους ληστές τραυματίστηκε, είναι ακριβώς εδώ δίπλα. Πήγα να τον ανακρίνω.»

Έμεινε ακίνητος να με κοιτάει, μετά κούνησε το σβησμένο τσιγάρο του και πήρε μια βαθιά ανάσα.

«Ν' απαλλαγείτε απ' αυτό το άτομο που έχετε σπίτι σας, είναι μπελάς.»

«Το ξέρω.»

Είδα ότι ο Σκουάρτσι ήταν έτοιμος να φύγει, και σύρθηκα σιγά σιγά προς τα εμπρός.

«Αστυνόμε... Κι όμως αυτός ο Φρεντ σας βοήθησε να συλλάβετε τον κουτσό, έτσι δεν είναι;»

«Αυτή είναι μια άλλη ιστορία. Ν' απαλλαγείτε όσο το δυνατόν γρηγορότερα, για το καλό σας το λέω.»

«Ευχαριστώ, αστυνόμε.»

Εκείνος έπιασε με το χέρι του το πιγούνι μου, έριξε μια ματιά γύρω γύρω στο δωμάτιο, σκεπτικός, και μετά έβαλε τα χέρια του στις τσέπες.

«Πάω. Να 'στε καλά, Βικαρέλι, και προσπαθείστε να μην μπλέκεστε σε άσχημες ιστορίες.»

«Θα κάνω ό,τι μπορώ.»

Ο Σκουάρτσι με χαιρέτησε σηκώνοντας το χέρι του κι έφυγε ανάβοντας το τσιγάρο του. Συνέχισα να σκέφτομαι το μανάβη, τον Φρεντ, τις δολοφονημένες ηλικιωμένες. Ασαφείς κι αργές σκέψεις, κατάλληλες για την περίοδο ανάρρωσης που ήδη βρισκόμουν. Αποκοιμήθηκα, όσο περίμενα το φαγητό. Δεν ήταν αληθινό όνειρο, ήταν σαν ένας διακόπτης που μισόσβηνε τη συνείδησή μου.

Ξύπνησα και πετάχτηκα όρθιος, από έναν ενοχλητικό θόρυβο που μου τρυπούσε τ' αυτιά. Άνοιξα τα μάτια με την ελπίδα να δω την Μπάρμπαρα. Όμως όχι, ήταν η χοντρή νοσοκόμα, χτυπούσε ένα κουτάλι σ' ένα ποτήρι, για να μου αναγγείλει ότι το φαγητό ήταν έτοιμο. Μου έδειξε το δίσκο δίπλα απ' το κρεβάτι: μια βραστή πατάτα, ένα μπούτι από βραστό κοτόπουλο, ένα μπουκάλι νερό. Μετά έφυγε χωρίς να πει λέξη. Τ' άφησα όλα στο πιάτο και σηκώθηκα πάλι όρθιος. Πήγα τρικλίζοντας στο μπάνιο και κοιτάχτηκα στον καθρέφτη. Ένα τέρας. Τα χείλη μου ήταν τεράστια και μαυρισμένα, η μύτη μου μοβ, τα μαλλιά μου λαδωμένα και κολλημένα στο μέτωπο. Ήθελα πάση θυσία να γυρίσω σπίτι μου. Επιπλέον, εκείνο το βράδυ δε θα 'ρχόταν κι ο άγγελός μου.

Είχα πάρει την απόφασή μου, κι έτσι γύρω στις δέκα το βράδυ βγήκα, για να ζητήσω τον αρχίατρο. Υπέγραψα ένα χαρτί με το οποίο αναλάμβανα κάθε ευθύνη για ό,τι ενδεχομένως να μου συνέβαινε μετά την έξοδό μου απ' το νοσοκομείο. Ένα λεπτό αργότερα είχα φύγει. Δεν είχα τη δύναμη να πάω με τα πόδια σπίτι κι έτσι στην πλατεία Φερούτσι πήρα ένα ταξί. Παρακάλεσα τον οδηγό να πηγαίνει αργά, γιατί σε κάθε στροφή που έπαιρνε ένιωθα να με πονάει όλο μου το σώμα.

Κάποια στιγμή, επιτέλους, έφτασα σπίτι. Ανέβηκα τις σκάλες κάνοντας μεγάλη προσπάθεια να κρατήσω τα βογκητά μου. Οι γάζες έπεφταν απ' τη μύτη μου, αισθανόμουν γελοίος και αηδιαστικός. Ήλπιζα να μη συναντήσω ούτε την κυρία Ατιλία, ούτε την Τζιοβάνα, ούτε κανέναν άλλο. Ευτυχώς οι προσευχές μου εισακούστηκαν. Στο σπίτι βρήκα τον Φρεντ με τη ρόμπα να καπνίζει ξαπλωμένος στον καναπέ. Με κοίταξε προσπαθώντας να συγκρατήσει τα γέλια του.

«Βλέπω το διασκέδασες.»

«Κόφ' το!»

«Τι σου συνέβη;»

«Τίποτα που να σε αφορά.»

«Α, εγώ τα πέρασα καλύτερα. Θέλεις να σου πω;»

«Όχι.»

«Αυτές οι δύο αδερφούλες είναι καταπληκτικές. Ξέρεις τι κάναμε;»

«Σου είπα ότι δεν θέλω να μάθω.»

«Όπως θέλεις.»

Τον παράτησα και πήγα να ξαπλώσω στο κρεβάτι. Αισθανόμουν διαλυμένος. Θυμήθηκα ότι δεν είχα πάει ακόμα να πάρω τ' αυτοκίνητό μου. Αλλά μέχρι να βρω έστω λίγα χρήματα, δεν θα μπορούσα να το πάρω. Επίσης έπρεπε να κάνω την αναφορά στην αστυνομία για τον Φρεντ. Και είχα και τη μετάφραση. Και είχα και απλήρωτους λογαριασμούς. Και είχα και μια μύτη πρησμένη. Και ήμουν και μόνος. Εκείνη τη στιγμή η ζωή μού φάνηκε απαίσια. Ένιωθα αδύναμος κι ανήμπορος.

Το μυαλό μου πήγε στη μητέρα μου... Ζούσαμε στην εξοχή. Εκείνη ήταν μια γυναίκα πολύ δυνατή, το άρωμα υγείας που απέπνεε και γέμιζε το χώρο σ' έκανε να σκέφτεσαι τη ζωή. Εγώ ήμουν ένα παιδάκι ανήσυχο.

Τη νύχτα οι κουκουβάγιες αναζητούσαν η μία την άλλη στο σκοτάδι και φώναζαν από μακρινά δέντρα. Στους αγρούς ακούγονταν μαγικοί ήχοι σαν απάχικα καλέσματα. Όταν όλοι έπεφταν για ύπνο, πήγαινα στο παράθυρο κι έμενα έτσι, κοιτάζοντας το λιόφυτο που ανέβαινε προς το δάσος, ακούγοντας αυτά τα φοβιστικά καλέσματα, και ένιωθα ρίγη που δεν μπορούσα να κατανοήσω την αιτία τους. Ήμουν πολύ μικρός για συγκεκριμένες επιθυμίες και πολύ μεγάλος για να τις αγνοήσω. Αλλά η νύχτα ασκούσε πάνω μου μια μυστηριώδη, ιλιγγιώδη έλξη.

Ήθελα να αφεθώ με χαμηλωμένο το κεφάλι στο σκοτάδι και να τρέξω να συναντήσω τα ζώα της νύχτας, να φιλοξενηθώ σ' αυτόν τον κόσμο που δε δεχόταν κανέναν... Μόνος εγώ, ανάμεσα σε μοναχικά αρπακτικά πουλιά και σε ερωτικά μηνύματα που αντάλασσαν με κραυγές μεταξύ τους απ' το ένα δέντρο στο άλλο. Αλλά ένιωθα και φόβο, ένα φόβο που με παρέλυε, δεν είχα τη δύναμη να εγκαταλείψω την ασφάλεια του σπιτιού μου, δεν μπορούσα, κι αυτή η πάλη με τον εαυτό μου μού έφερνε δάκρυα στα μάτια. Πήγαινα στο κρεβάτι μου, κουκουλωμένος ολόκληρος, και ο ύπνος κατάφερνε τελικά να με νικήσει.

Παραιτήθηκα κι άρχισα να κλαίω. Στο πρώτο αναφιλητό κάλυψα το πρόσωπό μου με το μαξιλάρι. Δεν ήθελα να μ' ακούν να κλαίω, κι όλα αυτά εξαιτίας αυτού του κληρονομημένου εγωισμού που θέλει τον άντρα σκληρό και τη γυναίκα παραπονιάρα και κλαψιάρα. Όμως ο Φρεντ με είχε ακούσει ήδη. Χτύπησε την πόρτα κι εμφανίστηκε στο δωμάτιο.

«Χρειάζεσαι τίποτα;»

Μου έκανε εντύπωση η ευαισθησία του, δεν τον θεωρούσα ικανό για κάτι τέτοιο. Δεν έβγαλα το πρόσωπό μου απ' το μαξιλάρι, ήθελα να κρυφτώ απ' όλους κι απ' όλα. Οι γάζες μ' έτσουζαν στη μύτη. Εκείνος πλησίασε στο κρεβάτι κι ακούμπησε το χέρι του στο γόνατό μου.

«Ε, κούκλε, αν συνεχίσεις να κάνεις έτσι, στο τέλος θ' αρχίσω κι εγώ τα κλαψουρίσματα.» Δεν απάντησα, δεν μπορούσα. Ένιωθα σαν να είχα ένα ποντίκι στο λαιμό που μ' έπνιγε. Εκείνος με χτύπησε φιλικά στο πόδι.

«Ε, κατά βάθος κάνει καλό να κλαις, ε; Σου βγάζει απ' τη γκλάβα ένα σωρό άχρηστες σκέψεις.»

Ξέσπασα σε βήχα και γέμισα το μαξιλάρι σάλια. Ο Φρεντ περίμενε να τελειώσω. Τον άκουσα που άναψε ένα τσιγάρο. Συνέχισα να κλαίω, όσο μπορούσα πιο αθόρυβα. Ο Φρεντ πήρε μια βαθιά ανάσα.

«Ξέρεις Κάρλο, η ζωή μου ήταν μια κόλαση, δε σ' το λέω για να με λυπηθείς, είναι αλήθεια... Κι όμως σκέφτομαι ότι όλοι έχουν το δικαίωμα να ζήσουν μια όμορφη ζωή, ε;»

Δεν απάντησα, ο λαιμός μου είχε κλείσει. Ο Φρεντ απομακρύνθηκε. Τον άκουσα να περιπλανιέται στο δωμάτιο και, ποιος ξέρει γιατί, χαιρόμουν. Ίσως είχα ανάγκη από λίγη παρέα, για να ξεπεράσω αυτή την απαίσια στιγμή. Κι εκείνος – ό,τι και να 'ταν – ήταν μια ανθρώπινη ύπαρξη, κάποιος με τον οποίο θα μπορούσα να πω δυο κουβέντες. Τέλος πάντων μια παρουσία. Κρατούσα ακόμα το μαξιλάρι στο πρόσωπό μου και συνέχιζα να κλαίω σιωπηλά. Απ' το μυαλό μου πέρναγαν οι πιο παράξενες και γρήγορες σκέψεις, ήμουν μπερδεμένος. Ήθελα να διαλυθώ μέσα στα σεντόνια σαν τη μέδουσα στον ήλιο, να σκορπίσω στον αέρα σαν ένα νέφος καπνού. Όλα μου φαίνονταν μάταια κι ανώφελα. Το σύμπαν ήταν άσχημο κι εγώ δεν ήθελα πια να είμαι ένα κομμάτι του. Αλλά ίσως αυτό που γινόταν ήταν απλώς ότι άλλαξα.

Ο Φρεντ γύρισε ξανά προς το μέρος μου και κάθισε στην άκρη του κρεβατιού, σαν να ήταν η μαμά μου.

«Ξέρεις, κάποιες φορές κι εγώ είμαι λυπημένος. Όμως σχεδόν πάντοτε προσπαθώ ν' αμυνθώ, ν' αντιδράσω. Σκέφτομαι συχνά τη μητέρα μου και μου 'ρχεται να χτυπήσω το κεφάλι μου στον τοίχο. Ήταν όμορφη η μητέρα μου, από μικρή έμοιαζε σαν τη Μαντόνα του Λεονάρντο, αλλά γέρασε γρήγορα. Με γέννησε μόνη της, ο άντρας που την άφησε έγκυο έφυγε, ποιος ξέρει για πού. Το ξέρω, είναι η κλασική δακρύβρεχτη ιστορία με ελάχιστο ενδιαφέρον, αλλά όταν τη ζεις, είναι τελείως διαφορετικά. Μετά, μια μέρα η μητέρα μου πέθανε, έσπασε απ' την κούραση καθώς δούλευε, μάζευε πατάτες ...μια γυναίκα δε θα έπρεπε να μαζεύει πατάτες, έτσι δεν είναι;»

Με κατέκλυσε ένα αίσθημα συμπαράστασης κι έτσι έβγαλα το πρόσωπό μου απ' το μαξιλάρι αφήνοντας τον Φρεντ να δει τα δάκρυα που έτρεχαν στα μάγουλά μου. Τον κοίταξα. Το πρόσωπό του είχε ένα φως που δεν το είχα ξαναδεί, δεν είχα δει ποτέ ένα τέτοιο φως τόσο όμορφο και τόσο θλιμμένο.

«Φρεντ...»

«Ναι.»

«Λυπάμαι.»

«Για τι πράγμα;»

«Για τη μητέρα σου.»

Εκείνος χαμήλωσε το βλέμμα του σαν αμήχανο αγοράκι.

«Ευχαριστώ... έγινε πριν έναν αιώνα. Πεινάς; Να πεταχτώ να πάρω δυο πίτσες; Είσαι μέσα; Με τα δικά σου λεφτά φυσικά. Μετά όμως πρέπει να βγω, θα λείψω όλο το βράδυ.»

«Φρεντ...»

«Ναι;»

«Χθες το βράδυ συνόδευσα στο σπίτι της μια πολύ γλυκιά κοπέλα.»

«Α ναι, ε; Γι' αυτό σου διέλυσαν τη μύτη;»

«Ναι.»

Ο Φρεντ μου έδωσε μια σπρωξιά στο πόδι.

«Βλέπεις; Στο είπα εγώ ότι δεν ξέρεις να διασκεδάζεις.»

΄Εφυγε, για να πάει να πάρει τις πίτσες κι όταν άκουσα την πόρτα να κλείνει, μου ήρθαν γέλια, ένα γέλιο τραντακτό, που μ' έκανε να ταρακουνηθώ ολόκληρος και μου προκάλεσε απίστευτους πόνους σ' όλο μου το σώμα.

Ξύπνησα το άλλο πρωί αργά, στην ίδια στάση που είχα και το προηγούμενο βράδυ, με την αίσθηση ότι οι αιμοστατικές γάζες είχαν αυξηθεί παραμορφώνοντας τα ρουθούνια μου. Πρέπει να ήταν περίπου μεσημέρι. Είχα κοιμηθεί ώρες, χωρίς να ονειρευτώ. Είχα βυθιστεί στο σκοτάδι, μόλις έφυγε ο Φρεντ, για να πάει να πάρει τις πίτσες. Σηκώθηκα με πόνους. Στο σπίτι επικρατούσε νεκρική σιγή. Άκουσα καθαρά κάτι να πεθαίνει μέσα μου. Αλλά δεν ήξερα ούτε τι, ούτε πώς. Ήμουν ευδιάθετος, αλλά κι ανήσυχος. Σύρθηκα μέχρι το μπάνιο κι έπλυνα το πρόσωπό μου προσπαθώντας να μην κοιταχτώ στον καθρέφτη. Σιχαινόμουν τους μώλωπες, ειδικά αυτούς που είχα εγώ. Μετά πήγα στην κουζίνα. Ήθελα να βρω κάτι να φάω που να μου φτιάξει αυτή την αηδιαστική γεύση που μου στέγνωνε τη γλώσσα. Άνοιξα το ψυγείο και βρήκα μια ολόκληρη πίτσα. Πήρα ένα γιαούρτι και πήγα να το φάω στον καναπέ. Για πρώτη φορά αυτή η ησυχία με βάραινε, ήθελα ν' ακούσω τον Φρεντ να ροχαλίζει, μου έλειπε η ένταση αυτής της ανυπόφορης συγκατοίκησης. Σηκώθηκα και κινήθηκα αργά προς το δωμάτιό του. Η πόρτα ήταν μισάνοιχτη. Είχα ένα προαίσθημα. Μπήκα και είδα ότι δεν είχα πέσει έξω. Τα πράγματά του έλειπαν. Τα άπλυτα σεντόνια ήταν διπλωμένα στο πάνω μέρος του κρεβατιού. Είχε φύγει. Στο κομοδίνο υπήρχε ένας φάκελος τόσο φουσκωμένος, έτοιμος να εκραγεί κι από κάτω ένα σημείωμα: *«Αντίο Κάρλο, ευχαριστώ για όλα. Διασκέδασα πάρα πολύ, αλλά δεν μπορώ να σταματήσω εδώ. Αυτό που θα βρεις στο φάκελο είναι για σένα. Εάν θέλεις να μάθεις περισσότερα, δες τις ειδήσεις, γεια, ο φίλος σου Φρέντι»*. Υπήρχε και υστερόγραφο: *«Ο άνθρωπος δεν είναι ποτέ αυτό που δείχνει»*.

Άνοιξα το φάκελο. Είχε ένα μάτσο χαρτονομίσματα των εκατό χιλιάδων δεμένα με σπάγκο. Κάθισα στο κρεβάτι κι άρχισα να τα μετράω. Αυτός ο Φρεντ πρέπει πραγματικά να ήταν τρελός. Πενήντα εκατομμύρια. Πάνω κάτω το νοίκι δώδεκα ετών. Μερικές φορές τα χρήματα μπορεί να δηλώνουν αγάπη ή κάτι ανάλογο. Είχα έναν κόμπο στο λαιμό που δε μ' άφηνε ν' αναπνεύσω. Με τα χρήματα στο χέρι, πήγα τρέχοντας στο δωμάτιο κι άναψα την τηλεόραση, σε λίγο θα άρχιζαν οι ειδήσεις. Ξάπλωσα στο κρεβάτι περιμένοντας να δω τα τελευταία νέα, ενώ στα χέρια μου κρατούσα σφιχτά τα πενήντα εκατομμύρια. Επιτέλους πήγε μία η ώρα κι ενώ έπεφτε το σήμα των ειδήσεων, η καρδιά μου κόντευε να σπάσει. Η τέταρτη είδηση αφορούσε μια ληστεία στην τράπεζα της οδού Ντε Αμίτσις, κοντά στη γειτονιά μου, λίγα τετράγωνα πιο πέρα απ' το σπίτι μου.

«Οι ληστές άνοιξαν μια τρύπα στον υπόνομο και εισέβαλαν στο υπόγειο της τράπεζας. Σύμφωνα με τους πρώτους υπολογισμούς, το ποσό που εκλάπη ανέρχεται στα έξι δισεκατομμύρια. Κανένα ίχνος δεν άφησαν οι ληστές πίσω τους, κτλ, κτλ.»

Ξέσπασα σε ακράτητα γέλια, μου ήταν αδύνατον να σταματήσω. Έβγαλα τις γάζες απ' τη μύτη μου και πέταξα στον αέρα τα χαρτονομίσματα. Άρχισαν να πέφτουν πάνω μου φτερουγίζοντας σαν πεταλούδες.

ΤΕΛΟΣ

«Υπάρχει ένα βιβλίο που λέγεται
ΣΥΜΒΟΥΛΕΣ ΣΕ ΜΙΑ ΣΥΖΥΓΟ
ΑΠΟ ΜΙΑ ΕΡΩΜΕΝΗ,
αν δεν έχεις ένα αντίτυπό του
πρέπει να πάρεις το συντομότερο...»

(απόσπασμα από κριτική που μεταδόθηκε
σε μεγάλο αμερικάνικο τηλεοπτικό κανάλι).

Θα το βρείτε σε όλα τα βιβλιοπωλεία

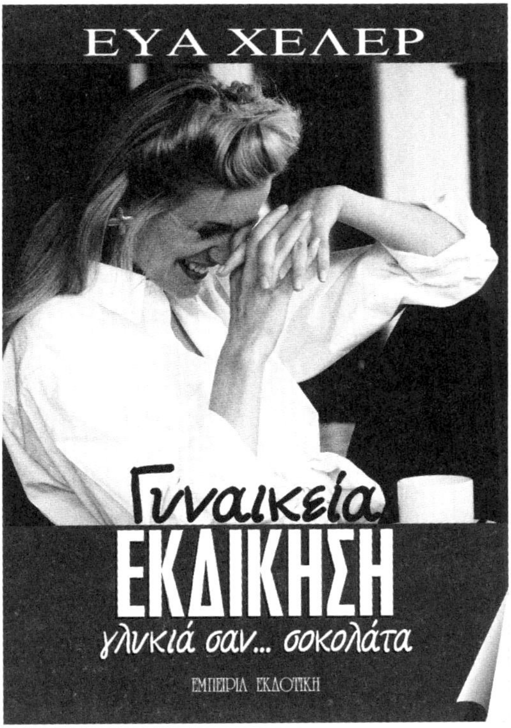

Το πιο αστείο και πικρά αληθινό βιβλίο της χρονιάς!

«Θα σας πω την ιστορία μου, για να δείτε ότι τα πράγματα στη ζωή έρχονται αλλιώς απ' ό,τι τα περιμέναμε και η αιτία είναι ότι αυτός που αγαπάμε δεν είναι πάντα ό,τι νομίζαμε στην αρχή.»

DER SPIEGEL

Θα το βρείτε σε όλα τα βιβλιοπωλεία

Το βιβλίο της χρονιάς!

*«Αυτό το βιβλίο μην το ξεκινήσετε βράδυ.
Θα σας παρασύρει στην πορεία του Ο ΔΡΟΜΟΣ
ΤΟΥ ΦΕΓΓΑΡΙΟΥ, θα σας συναρπάσει τόσο,
που σίγουρα θα σας βρει το πρωί διαβάζοντάς το.»*

ΠΡΩΙΝΟ ΜΕΤΡΟ, ΜΕΛΩΔΙΑ FM 1008

Θα το βρείτε σε όλα τα βιβλιοπωλεία

“ Όταν πρέπει να διαλέξεις
ανάμεσα σε δύο μονοπάτια,
αναρωτήσου ποιο είναι της καρδιάς.”

Πόπολ-Βου

Θα το βρείτε σε όλα τα βιβλιοπωλεία